Viktoria Schwenger

Weil unsere Liebe stärker ist

Eine deutsch-norwegische Liebe in Zeiten des Krieges

BRUNNEN
Verlag GmbH · Giessen

© Rosenheimer Verlagshaus GmbH & Co. KG, Rosenheim unter dem Titel „Morild: Von Treue, Verrat und einer verbotenen Liebe".
Ungekürzte Lizenzausgabe mit freundlicher Genehmigung des Rosenheimer Verlagshauses.

© 2020 Brunnen Verlag GmbH, Gießen
Lektorat: Beate Decker, München
Umschlagfoto: shutterstock
Umschlaggestaltung: Daniela Sprenger
Satz: SATZstudio Josef Pieper, Bedburg-Hau
Druck: CPI books GmbH
Gedruckt in Deutschland
ISBN 978-3-7655-4363-0

www.brunnen-verlag.de

Inhalt

Erinnerung

Ich heiße Morild Nirschl und bin am 25. Januar 1920 in Norwegen geboren, lebe jedoch seit meinem dreiundzwanzigsten Lebensjahr in Deutschland.

Ich kann es nicht glauben, dass ich bald neunundneunzig Jahre alt werde, so flogen die Jahre und Jahrzehnte dahin. Vielleicht erlebe ich, mit Gottes Hilfe, noch meinen hundertsten Geburtstag.

Meine Großmutter Karen in Norwegen erzählte mir oft vor langer, langer Zeit aus ihrer Kindheit und Jugend und meinte einmal: »Weißt du, Morild, je älter man wird, umso mehr kann man sich an die Vergangenheit erinnern, an Dinge, die man lange vergessen hatte.«

Damals lachte ich darüber, heute weiß ich, dass sie recht hatte.

Aus dem Nebel der Erinnerungen tauchen viele Geschehnisse, Menschen und Gesichter auf, an die ich lange nicht mehr gedacht habe, schöne, doch auch schmerzliche Ereignisse sind es.

Sicherlich hat es auch damit zu tun, dass ich der Autorin Viktoria Schwenger meine Lebensgeschichte erzähle, damit sie diese aufschreibt.

Es ist eine Geschichte von Treue und Verrat und einer großen, unerschütterlichen Liebe in schwierigen Kriegszeiten, für die ich meine Heimat Norwegen verlassen und eine zweite Heimat in Deutschland gefunden habe.

Morild Nirschl, August 2018

Meine Kindheit und Jugend in Norwegen

Ich wurde in dem kleinen Ort Ålesund geboren, der an der norwegischen Westküste mitten in den Fjorden, vom Meer umgeben, liegt. Dort lebten auch fast alle unsere Verwandten, mütterlicher- und väterlicherseits.

Mein Vater hieß Ivar Ertresvåg und war ein typischer Norweger: groß, blond, blauäugig, kräftig und athletisch. Er liebte die Natur, besaß wie viele Norweger in den Bergen eine Hütte, ging wandern und jagen oder fuhr mit seinem Boot hinaus auf den Fjord und weiter aufs Meer zum Fischen und Angeln. Er schien mir ein wahrer Nachfahre der Wikinger zu sein, die in längst vergangenen Zeiten Norwegen und das Meer beherrschten.

Von Beruf handwerklicher Maler, arbeitete er aber zur Zeit meiner Geburt in einer Druckerei. Er war Kommunist, Mitglied in der Arbeiterpartei und in der Gewerkschaft engagiert.

Meine Mutter stammte von den Lofoten, einer Inselgruppe hoch im Norden Norwegens.

Sie hieß Ragnhild und war eine hübsche Frau. Als Mutter von drei Kindern blieb sie, wie es sich damals gehörte, als Hausfrau zu Hause.

Sie konnte hervorragend schneidern, was uns drei Mädchen sehr zugutekam, vor allem als Teenager.

Alle ihre Geschwister, zwei Brüder und zwei Schwestern, waren in ihrer Jugend nach Amerika ausgewandert, wie viele Norweger zu jener Zeit, die ihr Glück in der Neuen Welt suchten. Einer ihrer Brüder, Hans, wurde drüben sogar wohlhabend. Auch sie wollte nach Amerika, lernte dann jedoch meinen Vater kennen, verliebte sich in ihn und blieb in Norwegen.

Ich hatte zwei Schwestern: Clare, die vier, und Inger, die zwei Jahre älter war als ich. Ich war das Nesthäkchen der Familie und das Lieblingskind meines Vaters.

»Morild«, mein Name, ist kein geläufiger norwegischer Vorname.

Mutter erzählte mir einmal, dass sie in einer mondhellen Nacht, hochschwanger mit mir, mit meinem Vater eine Bootstour auf den Fjord hinaus unternahm. Da erschien vor ihren Augen das seltsame Naturphänomen des Meeresleuchtens, bei dem das Wasser im Mondlicht phosphoreszierend blau und grün aufleuchtet.

Fasziniert betrachteten beide dieses Funkeln des Meeres, und mein Vater meinte begeistert mit Blick auf meine Mutter: »Wenn dieses Kind wieder ein Mädchen wird, nennen wir es ›Morild‹«. Morild ist das norwegische Wort für »Meeresleuchten«.

So kam es, und ich bin stolz auf meinen besonderen Namen.

Ich kann mich nicht erinnern, dass meine Eltern jemals zusammen Ferien gemacht hätten, denn ihre Interessen waren zu verschieden. Vater liebte die Natur und das Abenteuer, Mutter Besuche bei ihren Verwandten und Freunden. Vater waren diese »Kaffeekränzchen« eher zuwider.

Trotz dieser Unterschiede führten die beiden eine gute Ehe. Nie hörten wir Kinder Widerworte oder Streit, und wenn es doch Unstimmigkeiten gab, machten sie das unter sich aus.

Meine ersten sechs Lebensjahre verlebte ich in Ålesund, dann zogen meine Eltern mit uns Kindern nach Trondheim, das ungefähr dreihundert Kilometer von unserer früheren Heimat entfernt war. Gelegentlich fuhren wir mit der *Hurtigrute*, der traditionellen Postschifflinie, von Trondheim nach Ålesund, um meine Großmutter Karen, die Nichten und Neffen, Cousins und Cousinen zu besuchen. Das war immer ein großes Abenteuer, und Vater zeigte uns Mädchen die Schönheiten unserer norwegischen Heimat.

Die *Hurtigrute* befuhr mit ihren Schiffen bereits ab 1893 die 2.700 km lange westliche Küste Norwegens von Bergen bis nach Kirkenes und zurück und war für viele Orte im hohen Norden die einzige und wichtigste Versorgungsmöglichkeit.

Heute, nachdem der Flug- und Straßenverkehr ausgebaut ist, werden die Schiffe von zahlreichen Touristen zu einer Kreuzfahrt benutzt, sind aber immer noch auch Post- und Lastschiffe.

In Trondheim wohnten wir im Haus einer Tante, in einem typisch norwegischen, weiß gestrichenen

Holzhaus, von einem riesigen Grundstück mit braunfarbenen landwirtschaftlichen Gebäuden wie Scheunen und Ställen umgeben. Die Tante hatte neun Kinder, und da war, zusammen mit uns drei Ertresvåg-Mädchen, immer etwas los.

Es waren beengte Wohnverhältnisse, wir Kinder schliefen unter dem Dachboden in einem Raum auf ausgelegten Matratzen. Tagsüber tollten wir auf dem Hof herum, trieben allerhand gefährliche Unternehmungen, vor allem die Buben.

Mit dieser Zeit in Trondheim verbinde ich meine schönsten Kindheitserinnerungen.

Mit sieben Jahren kam ich in eine Mädchenschule in Trondheim. Wie damals üblich, unterrichtete man Jungen und Mädchen getrennt.

Ich konnte es kaum erwarten, in die Schule gehen zu dürfen. Einmal, so erinnere ich mich, lief ich zur Schule, um meine Schwester Inger abzuholen. Da sah mich die Lehrerin im Hof stehen und holte mich in das Klassenzimmer. Ich durfte mich vorne in die erste Bank setzen und war selig!

Ich wurde eine gute und wissbegierige Schülerin, lernte leicht, nicht zuletzt weil ich meinen älteren Schwestern oft bei den Hausaufgaben zugesehen und mitgelernt hatte.

Die Schulzeit dauerte sieben Jahre. Ich wäre liebend gerne in die achte Aufbauklasse und danach in die höhere Schule gegangen. Meine Lehrerin sprach diesbezüglich bei meinen Eltern vor, aber sie erlaubten es nicht. Mein Vater hätte Geld bezahlen müssen, und das konnte oder wollte er nicht.

Ich weiß noch, dass ich einen ganzen Tag nach seiner Absage im Bett lag und vor Enttäuschung weinte.

Dann bekam mein Vater einen Posten bei der Gewerkschaft in Oslo, und so zogen wir in die große Stadt, in eine geräumige und für die Zeit recht komfortable Wohnung in einem Mietshaus in der Grønlandsleret.

Inger und ich zogen mit in die Stadt, wir waren siebzehn und fünfzehn Jahre alt. Clare blieb vorerst bei der Tante in Trondheim wohnen, sie war zu der Zeit bereits mit Arne verlobt und heiratete kurz darauf.

Der Wechsel von Trondheim in die große Stadt Oslo bedeutete eine Umstellung, aber ich gewöhnte mich schnell ein und liebte das interessante und umtriebige Stadtleben.

Über das Arbeitsamt fand ich bald eine Stelle als Näherin in einer Fabrik, wo wir Bettdecken, Steppdecken und Schlafsäcke herstellten. Ich hatte bei der Mutter nähen gelernt, und die Arbeit ging mir flott von der Hand. Mir gefiel es unter den vielen jungen Mädchen, und ich verdiente nicht schlecht. Zu Hause mussten Inger und ich Kostgeld abgeben, aber es blieb immer noch genug übrig für unsere eigenen Bedürfnisse und Wünsche.

Eines Tages kam der Betriebsleiter und legte mir nahe, in die Gewerkschaft einzutreten. Das war kein Problem für mich, ich hätte es ohnehin getan, vor allem, da mein Vater zum Gewerkschaftsführer aufgestiegen war.

In der Jugendbewegung der Gewerkschaft fand ich viele Freunde. Wir bildeten eine unternehmungslustige Clique. Jeden Mittwoch bis Punkt zwölf Uhr fand ein Tanzabend statt, und ich als begeisterte Tänzerin genoss es!

Meine beste Freundin, sie hieß Åse, war sehr sportlich und überredete mich, mir ein Fahrrad zu kaufen. Von da an unternahmen wir jeden Sonntag Ausflüge mit dem Rad, meist hinaus zum Oslofjord zum Wandern oder Baden.

Im Winter war Skilaufen angesagt. Rund um Oslo waren Loipen für Langlauf gespurt und an den Außenseiten der Trambahnen und Busse Vorrichtungen für den Transport der Ski angebracht. Ganz Oslo schien im Winter auf Skiern unterwegs zu sein.

Ich umgab mich meist mit einer ganzen Bande von jungen Leuten, und noch heute erinnere ich mich an das Knirschen des Schnees unter meinen Skiern und an die Schneeballschlachten, die wir veranstalteten.

Meine Mutter kochte oft einen großen Topf mit Suppe, und nach dem Skilaufen kamen die Freunde mit zu mir nach Hause, wir saßen am Tisch in der Küche und schöpften uns die Teller voll.

Natürlich habe ich mich gelegentlich in einen der jungen Männer verliebt, viele wollten mit mir befreundet sein; doch es war nie etwas Ernstes, nur schwärmerische Liebeleien. Ich wollte mich nicht binden, wollte mein freies, schönes Leben genießen.

Inger und ich waren zu zwei hübschen Mädchen herangewachsen. Ich hatte dunkles Haar wie meine Mutter, Inger war blond. Wir kleideten uns immer sehr modisch, darauf legten wir großen Wert. Unsere Mutter nähte all unsere Kleider, Blusen und Hosen nach unseren Ideen. Oft wurden wir bewundert und von unseren Freundinnen wegen unseres Aussehens beneidet. Es war eine unbeschwerte, glückliche Zeit – bis zum 9. April 1940.

An diesem Tag besetzte die deutsche Wehrmacht Norwegen, und unser Leben änderte sich dramatisch.

Meine Familie in Norwegen:
Clare, Papa, Inger, Mama und ich (von links nach rechts)

Die drei Ertesvåg-Mädchen:
Ich, Inger und Clare (von links nach rechts)

Die Deutschen kommen!

Der Zweite Weltkrieg, den die Deutschen unter Adolf Hitler angezettelt hatten, begann am 1. September 1939 mit dem Überfall auf Polen. Am Vormittag desselben Tages erklangen die inzwischen legendären Worte Hitlers im Radio: »Seit 5 Uhr 45 wird zurückgeschossen.«

Damit sollte den Deutschen weisgemacht werden, Polen hätte Deutschland überfallen.

Norwegen war, ebenso wie Schweden und Dänemark, schon im Ersten Weltkrieg neutral gewesen und wollte es auch jetzt, im Zweiten Weltkrieg, bleiben. Trotzdem war die Stimmung angespannt.

Vorboten, dass Norwegen seine Neutralität wohl nicht würde aufrechterhalten können, gab es bereits vor dem Einmarsch der Deutschen.

Da geschah im Februar 1940 der dramatische Zwischenfall mit der *Altmark*, einem deutschen Versorgungsschiff, das sich im Jøssingfjord, mit britischen Kriegsgefangenen an Bord, vor den Engländern versteckt hatte. Die *Altmark* wollte diese Gefangenen mittels einer Passage durch die neutralen Gewässer Norwegens nach Deutschland bringen. Nach einer dramatischen Katz- und Mausjagd brachten die Briten das Schiff im Jøssingfjord auf, enterten es und befreiten ihre Kameraden. Anschließend wurde die *Altmark* mit ihrer Besatzung wieder freigegeben.

Ich hatte diese Nachricht im Radio gehört und ahnte nicht im Entferntesten, welch entscheidende Rolle einer jener deutschen Soldaten in meinem Leben spielen würde.

An Politik war ich im Gegensatz zu meinem Vater nicht interessiert, meine Aufmerksamkeit galt nur Mode, Tanzen und Spaßhaben.

»Papa, Norwegen ist doch neutral, und wir machen in diesem Krieg nicht mit«, meinte ich naiv, als ich wieder einmal mitbekam, wie er sorgenvoll mit meiner Mutter diskutierte. Er lächelte schief und meinte sarkastisch: »Hoffentlich wissen es die anderen auch und halten sich daran!«

Mit den »anderen« meinte er England. Das britische Königreich hatte unter der Weisung ihres damaligen Marineministers Winston Churchill begonnen, die neutralen Hoheitsgewässer Norwegens zu verminen. Es wollte damit den Transport von Eisenerz aus dem schwedischen Kiruna verhindern, welches über Narvik in Nordnorwegen nach Emden in Deutschland transportiert wurde. Über die Hälfte des Eisenerzes, das die Deutschen verwendeten, kam aus Kiruna und wurde von ihnen für die Kriegsführung dringend benötigt.

Das Vorgehen der Engländer brachte Norwegen in eine schwierige Situation. Die Regierung protestierte zwar gegen die Enterung der *Altmark*, die eine Verletzung der Neutralität Norwegens bedeutete, andererseits hoffte man insgeheim auf die Hilfe der Engländer. Man befürchtete zudem, dass sich die Deutschen durch diese Maßnahme der Engländer provoziert fühlen und eingreifen würden. Und so kam es schließlich auch.

Am 8. April 1940 erfuhr unsere Regierung, dass englische Zerstörer innerhalb der norwegischen Hoheitsgewässer, bei Narvik, Minen legten. Bereits am nächsten Tag gingen deutsche Truppen in der Stärke von 300.000 Mann in Bergen, Trondheim, Narvik und Oslo an Land. Längst hatte Hitler die Besetzung Norwegens geplant. Die Minenlegung der Engländer in norwegischen Hoheitsgewässern gab ihm nun, seiner Meinung nach, die Berechtigung zur Okkupation.

Da half es Norwegen nichts mehr, dass das riesige deutsche Schlachtschiff *Blücher* mit über achthundert Mann Besatzung bei Drøbak, der engsten Stelle im Oslofjord, von den Norwegern versenkt wurde. Dies blieb aber auch die einzige erfolgreiche Aktion gegen die Deutschen, denn die norwegische Armee war katastrophal schlecht ausgerüstet, sie hatten der deutschen Wehrmacht nichts entgegenzusetzen. Immerhin gab dieser Handstreich unserem damaligen König noch die Chance, nach England zu fliehen.

Den Norwegern wurde die Besatzung der Deutschen folgendermaßen verkauft: »Wir kommen als Freunde und Beschützer nach Norwegen, um die feindliche Übernahme des Landes durch England zu verhindern.«

»Morild, jetzt haben wir Krieg«, sagte meine Mutter mit blassem Gesicht, als wir aus dem Radio erfuhren, dass ein riesiges deutsches Kriegsschiff in den

19

Oslofjord eingelaufen war. Dann ging es plötzlich Schlag auf Schlag.

»Der König ist mit seiner Familie und der gesamten Regierung aus Oslo geflohen!«, klang es aus dem Radio.

Erst später erfuhren wir, dass König Haakon am 7. Juni die Flucht von Narvik in Nordnorwegen nach England gelungen war und er dort eine Exilregierung eingesetzt hatte. Er hatte sich, im Gegensatz zu seinem Bruder, dem dänischen König, jeder Zusammenarbeit mit den Deutschen verweigert und es vorgezogen, ins Exil zu gehen.

Wenig später erklärte der norwegische Führer der faschistischen *Nasjonal Samling Partei*, Vidkun Quisling, im Radio, dass eine nationale Regierung unter seiner Führung die Macht übernommen habe und jeder Widerstand gegen die Deutschen einzustellen sei.

»Wer ist das, dieser Quisling?«, fragte ich meinen Vater.

»Unser früherer Verteidigungsminister, ein Landesverräter«, meinte mein Vater verächtlich. »Wenn die Leute der *Nasjonal Samling Partei* jetzt in Norwegen das Sagen haben, dann gnade uns Gott! Sie sind Nazis und halten zu den Deutschen!«

Selbst heute noch wird der Name »Quisling« als Synonym für Landesverrat benutzt.

In den Lokalzeitungen und im Radio wurde zu Ruhe und Besonnenheit aufgerufen, trotzdem waren die Nerven angespannt. Es kam zu ersten Hamsterkäufen, denn man wusste nicht, wie die nächsten Tage und Wochen verlaufen würden, und wollte gerüstet sein. Ängstliche verließen sogar die Stadt und suchten Zuflucht bei ihren Verwandten auf dem Lande.

Einar, der Verlobte meiner Freundin Åse, wurde eingezogen und bei den Kämpfen in Nordnorwegen eingesetzt. Åse war todunglücklich, hatte Angst um ihn. Ich versuchte, sie zu beruhigen: »Du wirst sehen, der Krieg ist bald vorbei. Dann kommt er zurück zu dir.« Doch sie mochte es nicht glauben und weinte sich fast die Augen aus.

Bereits am 10. Juni 1940, nur zwei Monate nach dem Überfall der Deutschen auf Norwegen, unterzeichnete der norwegische Oberbefehlshaber auf Weisung König Haakons die Kapitulationsurkunde, und die norwegischen Truppen stellten die Kämpfe ein. Die norwegische Armee war der deutschen Wehrmacht in den Kämpfen, die überwiegend im Norden des Landes stattfanden, völlig unterlegen.

In einer Proklamation rief der König aus England zum Widerstand der Norweger gegen die Deutschen auf und verbot jeden persönlichen Kontakt zu den Deutschen.

Wir saßen angespannt im Wohnzimmer, als diese Nachrichten im Radio gesendet wurden.

»Papa, hör doch, der Krieg ist vorbei, so schnell!«, meinte ich erleichtert.

Er fuhr mir durchs Haar. »Die Kämpfe schon, aber Norwegen ist nicht mehr unser Land! Jetzt haben die Deutschen das Sagen! Wer weiß, was kommen wird?« Er sah bedrückt drein.

»Ach, Papa, vielleicht wird alles nicht so schlimm, und sie sind in ein paar Monaten weg!«, versuchte ich ihn zu beruhigen.

Doch er schüttelte nur stumm den Kopf. »Schön wäre es, aber daran glaube ich nicht. Wen die Deutschen einmal am Wickel haben, den lassen sie nicht mehr los. Sie wollen ein großdeutsches Reich errichten, und dazu sollen auch wir Norweger gehören! Sie tun so, als ob wir ihr Brudervolk wären, eine ›arische‹ Rasse, die zu ihnen passt.« Er sah angewidert drein.

»Was ist eine arische Rasse?«, fragte ich.

»Genau weiß ich auch nicht, was sie damit meinen. Auf jeden Fall meinen sie, die arische Rasse sei besser als alle anderen Rassen und sollte die Welt beherrschen. Schöne Menschen, blond, blauäugig, stark, treu und was weiß ich nicht alles. Auf jeden Fall nicht die Juden, die verfolgen sie unbarmherzig.«

»Aber ich bin nicht blond und blauäugig«, widersprach ich. »Übrigens ist Hitler selbst auch nicht blond und blauäugig. Und er müsste doch arisch sein, wenn das so eine besonders gute Rasse ist!«

»Na, daran siehst du, was für ein Narr er ist. Aber so etwas darfst du nie sagen!«, warnte er mich. »Das ist gefährlich, hörst du? Am besten ist, du hältst den Mund über alles Politische.« Er strich mir liebevoll über das Haar. »Auch wenn du nicht blond und blauäugig bist, du bist Norwegerin, vergiss das nie!« Er fügte kopfschüttelnd hinzu: »Ich frage mich, wer sich mit den Deutschen einlassen wird. Kein anständiger Norweger würde das tun, außer den Schurken von der *Nasjonal Samling Partei*. Mit den deutschen Soldaten, die jetzt überall in der Stadt sind, darfst du nicht sprechen, hörst du? Lächle sie nicht an, schau an ihnen vorbei, beachte sie nicht! Versprichst du mir das, Morild?« Er sah mich streng an.

»Klar, Papa, das verspreche ich dir!«

Mit dem Einmarsch der Deutschen hatte sich das Stadtbild Oslos völlig verändert. Überall wimmelte es von deutschen Soldaten, überwiegend waren es junge Männer. Sie patrouillierten in der ganzen Stadt, an allen Straßenecken waren Geschütze aufgestellt, und in ihrer freien Zeit bevölkerten sie die Lokale, Geschäfte und Kinos. Wenn sie im Trupp in Uniform und Gleichschritt durch die Stadt marschierten, hörte man sie schon von Weitem ihre Lieder schmettern.

Wir, meine Kolleginnen aus der Fabrik und meine Freundinnen, waren eher neugierig und aufgeregt als ängstlich. Manchmal liefen wir zum Hafen, setzten uns auf die Kaimauer und beobachteten, was dort los war. Die jungen Männer sahen eigentlich sehr nett aus in ihren schmucken Uniformen, und die meisten benahmen sich freundlich und höflich, vor allem uns jungen Mädchen gegenüber.

Schnell bekamen wir die Folgen der deutschen Besatzung zu spüren. Nicht nur, dass das deutsche Militär alle wichtigen und schönen Gebäude besetzte, wie das *Storting* (das Parlament) und das Schloss, selbst die Residenz des Kronprinzen Olaf, die außerhalb Oslos lag, beschlagnahmten sie.

23

Auch in vielen anderen Häusern der Stadt machten sie sich breit, Schulen, Hotels und andere öffentliche Gebäude wurden besetzt, auch in besseren Privathäusern und Villen quartierten sich deutsche Offiziere ein.

Auf Plakaten und in Bekanntmachungen wurden Verbote und Verhaltensregeln veröffentlicht, die unter Androhung von Strafen bei Nichtbeachtung strikt eingehalten werden mussten.

Im September wurden alle Parteien verboten, alle außer der *Nasjonal Samling* mit dem verachteten Vidkun Quisling, mit seinen roten Haaren, die er wie Hitler gescheitelt trug.

Bald darauf wurden die Gewerkschaften verboten, und das betraf meine Familie durch die Stellung meines Vaters direkt.

Eines Tages kam mein Vater unvermutet früh aus seinem Büro im Gewerkschaftshaus. Er war blass und hatte eine Verletzung auf der Stirn.

»Was ist passiert, Ivar?«, fragte meine Mutter erschrocken, als sie ihn sah.

Er nahm sie an der Hand und führte sie aus der Küche in das Wohnzimmer. Offensichtlich wollte er mit ihr allein sprechen, doch ich folgte ihnen. Immerhin war ich zwanzig und alt genug, um zu wissen, was geschehen war!

Mein Vater ließ sich erschöpft in einen Sessel fallen. »Die Gestapo war heute bei uns im Büro. Nach allen Parteien, der Sozialistischen und erst recht der Kommunistischen Partei, haben sie jetzt auch die Gewerkschaften verboten.«.

Er schüttelte resigniert den Kopf. So deprimiert hatte ich meinen Vater noch nie gesehen.

»Sie hatten SS-Leute dabei, die das Büro untersucht und verwüstet haben. Als ich dazwischengehen wollte, hat mir einer mit dem Gewehrkolben auf die Stirn geschlagen.« Er fuhr sich vorsichtig mit der Hand über die verletzte Stirn.

»Um Himmels willen«, rief meine Mutter aus. »Was willst du denn jetzt tun?«

Er sah meine Mutter an. »Sie haben mich gewarnt. Wenn ich weiterhin politisch oder gewerkschaftlich tätig bin, machen sie mich einen Kopf kürzer.« Er machte eine schneidende Bewegung zum Hals.

Meine Mutter schrie auf und hielt sich erschrocken die Hand vor den Mund.

Vater stand auf und ging zurück in die Küche, zum Spülbecken. Er nahm einen Lappen, der dort hing, und wischte sich das verkrustete Blut von der Stirn.

Ich war entsetzt über das, was er berichtet hatte.

Inzwischen war auch Inger nach Hause gekommen, die sich vor Kurzem mit einem jungen Norweger, Erling, verlobt hatte. »Was willst du jetzt machen, Papa?«, fragte sie.

»Wir, meine Genossen und ich, werden weiterarbeiten. Wir können Norwegen und alle unsere Ideale nicht kampflos aufgeben«.

»Aber wenn sie euch erwischen?«, reagierte meine Mutter entsetzt.

»Das werden sie nicht! Wir werden vorsichtig sein!« Er nahm sie in die Arme. »Mach dir nicht zu viele Sorgen, Ragnhild!« Und zu uns gewandt: »Sprecht mit niemandem darüber, hört ihr?«

Wir nickten.

Von da ab sahen wir unseren Vater nicht mehr so regelmäßig wie früher. Er wohnte weiterhin bei uns, aber was er arbeitete und wo, das wussten wir nicht und sollten es auch nicht erfahren.

»Je weniger ihr wisst, umso besser ist es für euch!«, meinte er nur.

Das Leben allgemein wurde schwieriger. Als Erstes wurden Lebensmittel rationiert. Die deutschen Soldaten mussten mitversorgt werden, und was nicht als Nachschub aus Deutschland kam, nahm sich die Wehrmacht für ihre 300.000 Soldaten, die in Norwegen stationiert waren, von der Bevölkerung.

Elektrischer Strom wurde begrenzt, man wusste nie genau, wann man welchen bekam. Es war gut, dass wir neben dem modernen Elektroherd einen alten Kohleofen besaßen. Somit war man mit Kochen und Heizen unabhängiger.

Dann wurde das Hören von Nachrichten verboten, später mussten alle Radios abgegeben werden. Wir waren empört, denn nun konnten wir auch keine Musik mehr hören, keine flotten Schlager, nach denen wir oft getanzt hatten.

Nicht alle haben ihre Rundfunkempfänger abgegeben und folgten heimlich *Radio London,* was strengstens verboten war und bei Entdeckung drastisch bestraft wurde.

Später wurden auch die Privatautos beschlagnahmt, nur die Mitglieder der *Nasjonal Samling,* die mit der Gestapo zusammenarbeitete, durften ihre Autos behalten oder bekamen welche zugeschanzt.

Jedermann durfte nur noch fünfzig Kronen von der Bank abheben; man wollte verhindern, dass ein Run auf die Banken stattfinden und der gesamte Zahlungsverkehr zusammenbrechen würde.

Die Zeitungen wurden gleichgeschaltet, durften nur berichten, was die Besatzungsmacht erlaubte. So gelang es immer weniger, andere Nachrichten als die der deutschen Propaganda zu erfahren, sofern man nicht heimlich Fremdsender abhörte.

Norwegische Sportvereine sollten sich, nach deren Untersagung, unter einem deutschen Sportverband vereinen, was die Norweger verweigerten. An den Schulen zeigte man deutsche Propagandafilme, ebenso in den Kinos vor den Filmen. Verdunkelungen wurden angeordnet und bei Nichtbeachtung streng bestraft. Vor allem nachts verfügte man Ausgangssperren.

Durch den teilweise eingestellten Fähr- und Zugverkehr fühlte man sich isoliert, konnte nicht mehr wie bisher frei herumreisen.

All diese Maßnahmen sollten den Norwegern bewusst machen, dass ihr Land unter Kontrolle der Deutschen stand, sie die Macht übernommen hatten.

Dann fielen die ersten Bomben der Engländer auf Norwegen und auch auf Oslo.

Wenn der Fliegeralarm über der Stadt heulte, mussten wir bis zur Entwarnung in den Keller unseres Hauses flüchten. Den grässlichen Ton der Sirenen habe ich noch heute in den Ohren.

Einmal, so erinnere ich mich, wurde die Stadt komplett evakuiert, weil man erfahren hatte, dass die Engländer sie bombardieren wollten, um die deutschen Besatzer zu vernichten. Wir nannten das später den »Katastrophentag«, der glücklicherweise nur einen Tag dauerte.

Um sicher zu sein, flüchteten wir aufs Land zu einem Bekannten, Jul Hannsen. Es fielen glücklicherweise keine Bomben auf Oslo, aber viele auf Bergen und im Norden Norwegens.

Einmal kam der Betriebsleiter unserer Firma zu uns und schickte uns alle nach Hause: »Das wird nichts mit Arbeiten heute, zu viele Fliegeralarme. Bleibt zu Hause und geht in den Keller, das ist besser so!« Auch die Schulkinder wurden nach Hause geschickt.

Immer öfter geschah es, dass Menschen verschwanden, verschollen blieben. Auch Freunde und Bekannte waren darunter.

Inzwischen wusste man, dass die Deutschen über ganz Norwegen verteilt Konzentrationslager errichtet hatten, wohin sie diese Menschen brachten.

Eines dieser KZs war etwas außerhalb von Oslo, *Grini fangeleir*. Anfangs wusste man nichts Genaues darüber, später erfuhr man, dass sie als Hinrichtungsstätten, als Gefangenen- und Durchgangslager für Transporte in die großen Konzentrationslager in Deutschland benutzt worden waren.

Bald begannen auch die Verfolgung und Deportation von Juden, die in Norwegen lebten. Auch wir kannten einige jüdische Familien, doch viele hatten es geschafft, rechtzeitig in das benachbarte neutrale Schweden oder gar nach Amerika zu fliehen.

Trotz all dieser Widrigkeiten versuchten wir Mädchen, unser Leben weiterzuleben wie bisher.

Wir gingen ins Kino und ließen die deutsche Propaganda, die von den glorreichen Siegen an allen Fronten berichtete, über uns ergehen. Meist waren auch deutsche Soldaten anwesend, dann äugten wir neugierig zu ihnen hin. Sie versuchten, mit uns in Kontakt zu kommen, sprachen uns an, aber wir wussten, dass wir nicht mit ihnen reden durften.

Auch öffentliche Tanzveranstaltungen waren inzwischen verboten, aber wir kannten Räume in Kellern, legten dort Platten auf und tanzten trotzdem.

Oft kamen auch junge deutsche Soldaten dazu. Auch sie sehnten sich nach etwas Abwechslung von ihrem Dienst und wollten mit uns Mädchen flirten. Sie waren jung und hatten mit ihrem ruhigen Dienst in Südnorwegen das große Los gezogen, im Gegensatz zu Soldaten, die in anderen Kriegsgebieten in Europa hart an der Front kämpfen mussten.

Einmal wurde unsere Tanzveranstaltung verraten, und die »Kettenhunde«, so nannten wir die Soldaten der SS, der Schutzstaffel Hitlers mit ihren besonderen Uniformen und Rangabzeichen, stürmten in den Saal. Sie drehten die Musik ab und befahlen den Soldaten barsch, zu gehen.

»Schämt euch, hier zu tanzen, während eure Kameraden in Russland an der Front kämpfen!«, brüllten sie.

Auch wir mussten verschwinden. Trotzdem haben wir uns immer wieder zum Tanzen getroffen, dieses Vergnügen wollten wir uns von den Deutschen nicht nehmen lassen.

Einmal lief ein riesiges deutsches Kriegsschiff in den Hafen ein, um Frischwasser aufzunehmen. Am Abend strömte eine Menge von Soldaten zu unserer Tanzveranstaltung in Begleitung norwegischer Mädchen, und wir wunderten uns, wo sie die so schnell »aufgerissen« hatten. Standen die schon am Hafen und warteten auf die Soldaten? Erregte Diskussionen unter uns Freundinnen folgten. Wie konnten sich diese Mädchen nur so benehmen!

Am nächsten Tag waren die jungen Männer wieder fort, mit ihrem Schiff hinauf in den Norden transportiert worden, wo die Kämpfe stattfanden.

Die deutschen Soldaten waren überall. Sie marschierten durch die Stadt, gingen in ihrer Freizeit in kleinen Gruppen einkaufen, standen, jetzt im Sommer, am Hafen herum und versuchten, mit Mädchen in Kontakt zu kommen.

Gelegentlich hörte man von einem Mädchen, das sich mit einem Soldaten eingelassen hatte. Das wurde heftig diskutiert. Grundsätzlich war man strikt dagegen, einige wenige urteilten nicht ganz so hart, hatten ein gewisses Verständnis für die jungen Soldaten in der Fremde bei uns. Ganz sicher waren nicht alle begeistert in den Krieg gezogen, sondern mussten gezwungenermaßen an die Front.

Doch grundsätzlich war es ein Skandal, wenn ein Mädchen ein Verhältnis mit einem Deutschen hatte. Man nannte sie abfällig »Tyskertøs«, was so viel wie »Deutschenflittchen« bedeutete.

So vergingen der Sommer und ein langer, kalter, dunkler Winter, bis es endlich wieder warm wurde. Ein ganzes Jahr waren die Deutschen nun schon in Norwegen.

Åse und ich nahmen erneut unsere Ausflüge aufs Land auf. Sie war glücklich, dass ihr Freund Einar zurück nach Oslo kam, und die beiden wollten so bald als möglich heiraten.

Eines Tages sagte meine Mutter zu mir: »Deine Cousine Ingeborg aus Ålesund kommt uns besuchen. Sei so lieb und kümmere dich ein wenig um sie, zeig ihr Oslo und nimm sie mit auf eure Ausflüge. Sie hat außer Ålesund noch nichts gesehen, und jetzt im Krieg kommt sie ohnehin nirgendwo mehr hin.«

Ingeborg war drei Jahre jünger als ich, ein ruhiges, schüchternes Mädchen, und ich nahm sie gerne zu unseren Ausflügen mit.

Max

Es war der 1. Mai 1941. Ein wunderschöner, warmer Sonntag, daran erinnere ich mich genau.

Ich beschloss, mit Ingeborg hinaus zum Oslofjord zu fahren. Wir packten unsere Badesachen und Proviant ein und nahmen den Bus bis Ekeberg, wo inzwischen eine deutsche Seemannsschule stationiert war.

Wir wanderten am Hochufer des Fjords entlang, bis wir eine geeignete Stelle zum Sonnenbaden fanden, zogen unsere Badeanzüge an und genossen den schönen Tag. Der Himmel war blau, kein Wölkchen zu sehen, und wir schauten hinunter auf die sich kräuselnden Wellen des Wassers, beobachteten die kreischenden Möwen, die über dem Fjord ihre Flugkunststückchen vorführten.

Wir ahnten nicht, dass zwei junge Soldaten, die vom Flachdach der Seemannsschule den Hafen kontrollierten, uns mit dem Fernrohr beobachteten.

Der herrliche Frühsommertag neigte sich dem Ende zu, und Ingeborg und ich packten unsere Sachen, um den Bus zu erreichen, der uns nach Oslo zurückbringen sollte. Da sah ich zwei junge Männer in Matrosenuniformen auf uns zukommen.

»Da kommen deutsche Soldaten!«, raunte ich Ingeborg zu. »Du darfst sie nicht anlächeln und nicht mit ihnen reden, ignoriere sie einfach!« Ingeborg nickte folgsam.

Die beiden kamen näher und begrüßten uns in einem etwas holprigen Norwegisch: »Hey, ein schöner Tag heute!«

Wir schwiegen, wandten uns ab und nahmen unsere Taschen auf. Der eine sprang herzu und nahm sie mir ab. Er zeigte auf sich und sagte: »Ich heiße Max!«, dann deutete er auf mich: »Und du?«

»Morild«, sagte ich widerstrebend.

»Ah, Morild!«

Ich sah ihn an. Er sah sehr gut aus, seine braunen Locken waren vom Wind zerzaust, was ihm ein verwegenes Aussehen gab. Seine dunklen Augen blitzten, und er lächelte mich an, freundlich und ein wenig schüchtern, wie mir schien. Mein Herz begann, heftig zu klopfen.

Er sprach ein wenig norwegisch, und ich hatte während der Besatzungszeit einige Worte Deutsch gelernt, trotzdem war unsere Unterhaltung recht eingeschränkt.

»Zum Bus, nach Oslo?«, fragte er.

»Ja«, antwortete ich einsilbig und wollte nach meiner Tasche greifen, doch er gab sie mir nicht zurück, sondern ging neben mir her, lächelte mich immer wieder an.

Sein Freund, der sich als »Fritz« vorgestellt hatte, ging mit der armen Ingeborg, die vor Aufregung zitterte, hinter uns her.

Immer wieder blickte ich Max neugierig von der Seite an, und wenn er es bemerkte und mich anlächelte, sah ich schnell weg. Er gefiel mir.

Es war nicht nur sein gutes Aussehen, sondern die Art, wie er mich ansah, wie er lachte.

Als wir in die Nähe der Bushaltestelle kamen, blieb ich stehen, deutete nach vorne auf die ersten Häuser des Ortes und schüttelte den Kopf.

»Ich verstehe«, meinte er bedauernd. Er gab mir meine Tasche und nahm meine Hand. Dann zeigte er auf seine Uhr, zeigte auf die Sieben.

»Morgen, hier, sieben Uhr?« Er sah mich bittend und erwartungsvoll an. Ich schüttelte den Kopf. »Bitte!«, beharrte er.

Ich zögerte, schüttelte erneut den Kopf.

»Ich werde hier sein, Morild!«

Ich warf ihm einen bedauernden Blick zu, sagte nichts, ging weiter, Ingeborg hinter mir herziehend.

Kurz vor dem Ort drehte ich mich um. Er stand immer noch an derselben Stelle, blickte mir nach. Nun hob er die Hand und winkte. Ich winkte verstohlen zurück.

Ingeborg und ich rannten los zum Bus, atemlos erreichten wir ihn gerade noch. Als wir schließlich saßen, meinte Ingeborg: »Du wirst doch morgen nicht dort hingehen, oder etwa doch?«

»Nein«, gab ich entrüstet zurück. »Auf gar keinen Fall!«

Als ich abends im Bett lag, konnte ich meine Gedanken nicht von dem jungen Mann losreißen, der Max hieß und Deutscher war.

Immer wieder sah ich ihn vor mir, seine wilden Locken im Wind, seine strahlenden Augen und sein spitzbübisches Lächeln. Ich spürte die Berührung, als er mir zum Abschied seine Hand gegeben hatte, mich durchströmte ein warmes Gefühl, bis in mein Herz hinein.

Endlich schlief ich ein.

Der nächste Tag war ein gewöhnlicher Arbeitstag und doch gänzlich anders für mich. Ich träumte vor meiner Nähmaschine vor mich hin, ließ jede Sekunde der Begegnung mit Max vor meinem inneren Auge immer und immer wieder ablaufen.

»Hey, Morild! Was ist los mit dir? «, rief mir Åse von ihrem Arbeitsplatz aus zu. »Ich habe dich jetzt schon zwei Mal gefragt, ob du heute Abend mit zum Tanzen kommst.«

»Ich weiß nicht, ich bin müde!«, gab ich zurück.

»Müde? Du?«, lachte sie. »Wenn es zum Tanzen geht? Das kann ich nicht glauben! Bist du krank?«

»Nein! Ich bin nicht krank, nur müde«, und als Åse wieder verwundert den Kopf schüttelte, meinte ich zögernd: »Na gut, dann komme ich eben mit. Wann geht es los?«

»Nicht zu spät, um fünf Uhr, gleich nach Arbeitsschluss. Wir müssen vor der Ausgangssperre um zehn zu Hause sein, bevor die Kettenhunde womöglich wiederkommen!«

Am Abend zog ich ein hübsches Kleid an, legte Puder und Lippenstift auf, kämmte meine Locken und flocht mir ein Band ins Haar. Ich drehte mich vor dem Spiegel. Was wohl Max sagen würde, wenn er mich so sähe? Zu gern würde ich ihn wiedersehen. Ich sah mir im Spiegel in die Augen. Und wenn ich …? Ich streckte meinem Spiegelbild die Zunge raus. Nein, ich durfte nicht einmal daran denken! Ich wollte keine »Tyskertøs« sein, kein Deutschenflittchen.

Ich ging durch die Stadt zu der Tanzveranstaltung, sah die vielen Soldaten auf den Straßen, schaute verstohlen jeden an, hoffte, Max zu sehen, aber er war nicht dabei. Als ich endlich ankam, war die Party schon in vollem Gange.

»Morild, wo steckst du denn so lange?«, begrüßte mich Åse, die mit Einar vorbeitanzte.

»Ach, ich habe Kopfschmerzen, es geht mir nicht gut!«, rief ich ihr nach. Sogleich kam einer aus unserer Clique zu mir, wollte mit mir tanzen, doch ich gab ihm einen Korb, und er zog beleidigt ab.

Ich setzte mich abseits in eine dunkle Ecke und sah den anderen zu. Die große Uhr an der Wand zeigte kurz vor sechs. Wenn ich jetzt losrennen würde, könnte ich den Bus nach Ekeberg noch erreichen, rechnete ich mir aus. Sollte ich wirklich? Als ich sah, dass ein anderer Freund auf mich zukam, stand ich schnell auf und lief nach draußen. Ich hatte weder Lust, zu tanzen, noch Lust, mich zu unterhalten.

Jetzt im Mai war es draußen noch taghell. Einige Male wurde ich auf dem Weg zum Bus von Soldaten angesprochen, andere pfiffen mir anerkennend nach, doch ich hatte für nichts Augen und Ohren.

Ich erreichte den Bus gerade noch, als er abfahren wollte.

»Willst du noch mit?«, fragte der Busfahrer, als er mich ankommen sah. Ich nickte heftig und stieg ein.

»Fährst du nach Ekeberg?«, fragte ich atemlos.

»Klar, nach Ekeberg und zurück!«

Ich war erleichtert und setzte mich auf die hinterste Bank, wo mich niemand sehen konnte.

Auf der Fahrt kamen meine Zweifel zurück. Ich wusste, dass das, was ich tat, absolut unmöglich war! Sich mit einem Deutschen zu treffen! War ich denn verrückt geworden?

Tausend Gedanken schossen mir durch den Kopf und verwirrten mich. Vielleicht würde er nicht kommen? Vielleicht hatte er es nicht ernst gemeint, als er sich mit mir verabredete? Vielleicht hatte er insgeheim über mich gelacht, weil ich so schüchtern gewesen war? Abgesehen von all dem, so beruhigte ich mich: Ich könnte sofort mit dem Bus zurückfahren und zu Hause ins Bett gehen. Das wäre das Allerbeste! Schluss mit den Flausen! War ich denn von allen guten Geistern verlassen?

Ich fuhr nicht zurück, sondern schlenderte betont langsam den Weg entlang zu der Stelle, an der wir uns gestern verabschiedet hatten.

Schon von Weitem sah ich ihn dort stehen, allein, ohne Fritz! Mein Herz schlug bis zum Hals, als ich ihn auf mich warten sah.

Er winkte mir zu, kam mir entgegen, und dann geschah das Unfassbare: Wir fielen uns in die Arme!

Es war ein unbeschreiblich schönes Gefühl! Am liebsten hätte ich ihn nie mehr losgelassen.

»Ich habe gewusst, dass du kommst«, flüsterte er mir ins Ohr.

»Ich habe es nicht gewusst, ich wollte es nicht«, gab ich zurück und sah ihm in die Augen.

Er lachte. »Aber du bist da!« Wieder umarmte er mich lange und innig. Endlich löste ich mich, nahm seine Hand und zog ihn fort, Richtung Fjord.

»Lass uns von hier weggehen«, bat ich mit Blick auf den zurückliegenden Ort.

»Ich verstehe«, er sah mich ernst an, »du willst dich nicht mit mir sehen lassen, nicht wahr?«

Ich wurde rot, nickte aber. Er hatte recht.

Wir gingen am Ufer des Fjords entlang, blickten hinaus aufs Wasser, das in der untergehenden Sonne glitzerte und glänzte, fast so schön wie Meeresleuchten.

Es war ein wunderschöner Sommerabend. Irgendwo setzen wir uns ins karge Gras, hinter einem Felsen verborgen. Die Blumen und Kräuter um uns dufteten herrlich.

Wir hielten uns eng umschlungen, schweigend, spürten nur die Nähe des anderen. Wir sprachen nicht viel, doch Liebe braucht keine Worte. Gelegentlich seufzte ich tief, dann drückte Max mich an sich, küsste mich aufs Haar.

Noch nie in meinem Leben war ich so glückselig gewesen wie jetzt.

Endlich stand Max auf und zog mich zu sich hoch. »Du musst los, Morild, sonst verpasst du deinen Bus, und du musst vor der Ausgangssperre zu Hause sein!«, mahnte er.

Ich hatte die Zeit völlig vergessen, wäre am liebsten bei ihm geblieben, wusste jedoch, dass ich gehen musste.

»Ich würde dich gerne nach Hause begleiten, wie es sich gehört«, meinte Max.

Ich schüttelte erschrocken den Kopf.

»Wann sehen wir uns wieder?«, fragte er. »Morgen, hier um die gleiche Zeit?« Ich nickte nur stumm. Er nahm meine Hand und führte mich zurück, bis vor den Ort.

Vorher hielt er an, nahm mein Gesicht zwischen seine Hände und küsste mich zärtlich auf den Mund.

Es war mein erster richtiger Kuss, und er war wundervoll!

Ich hatte mich Hals über Kopf unsterblich verliebt.

Ich kam spät nach Hause, später als sonst. Meine Mutter war außer sich. Auch Inger hatte sich Sorgen gemacht, schimpfte mit mir, nur Ingeborg schwieg, sah mich mit einem prüfenden Blick an. Ahnte sie etwas?

»Morild, du weißt doch, wie gefährlich es ist, abends draußen zu sein, vor allem für ein junges Mädchen!« Mutter sah mich vorwurfsvoll an.

»Entschuldige, Mama, aber es war so schön heute Abend.« Zumindest das war nicht gelogen!

»Ich versteh es ja, dass ihr Mädels Spaß und Vergnügen haben wollt in dieser schwierigen Zeit, aber komm bitte nicht noch einmal so spät heim!«, mahnte sie mich.

Ich umarmte sie. »Ja, das verspreche ich dir!« Ich ging schnell hinaus, wollte auf mein Zimmer, um mit meinen Gedanken und Gefühlen allein zu sein.

Draußen vor der Tür hörte ich meine Mutter sagen: »Ich glaube, Morild hat sich verliebt, Inger. Sie sah so glücklich aus, so strahlend.«

Max, meine große Liebe

»Ich würde es ihr wünschen!«, meinte Inger, die auch verliebt war.

Ich horchte an der Tür. Ingeborg sagte nichts, gottlob! Mutter hatte recht: Ich war verliebt! In einen Deutschen! Ich konnte nicht fassen, wie es hatte geschehen können!

Von da an traf ich Max jeden Mittwoch- und Samstagabend, wenn er dienstfrei hatte.

Es war gefährlich, sich zu treffen, immer hatte ich Angst vor Entdeckung, doch wir konnten nicht voneinander lassen. Wir liebten uns zu sehr!

Im Sommer, wenn es warm war, ging es gut, man konnte am Fjord spazieren gehen oder sich in einem der Bootshäuser verstecken. Auch als der Winter kam, machte uns dies zunächst keine Probleme, eng aneinandergeschmiegt spürten wir die Kälte kaum.

In der Nähe der Seemannsschule gab es ein Lokal für Deutsche, es hieß »Dritte Etage«, weil es im dritten Stock lag. Dorthin durften die Soldaten ausgehen und auch Mädchen mitbringen. Auch Max wollte mit mir hingehen, doch ich scheute mich davor, fürchtete, eines der Mädchen könnte mich erkennen und ausplaudern, dass ich dort gewesen war.

Bis ich Max kennenlernte, erfuhr meine Mutter immer von mir, wo ich gewesen war und was ich erlebt hatte, und nahm freudig Anteil daran. Es gab ja so wenig Schönes für sie zu dieser Zeit, noch dazu, wo mein Vater sich überwiegend verstecken musste. Das war eine große Sorge und Belastung für sie.

Außerdem kam immer wieder die Gestapo zu ihr, um sie zu verhören. Man erkannte die Leute sogleich an ihren langen schwarzen Ledermänteln und ihren

Hüten. Sie wollten wissen, wo sich mein Vater aufhielt, doch meine Mutter verriet ihn nicht.

Nun erzählte ich nicht mehr viel, und oft belog
ich sie. Das tat mir weh. Ich hatte ein andauernd
schlechtes Gewissen, die Heimlichtuerei und das
Versteckspiel belasteten mich. Doch was sollte ich
tun?

Dieser Winter war sehr kalt, und unsere Treffen
wurden schwieriger. Irgendwann überredete mich
Max, in die »Dritte Etage« mitzukommen.

Ich hatte mich besonders hübsch angezogen, mit
Blumen im Haar. Max sah mich verliebt an. »Aha,
kleines Mädchen, ganz groß!«, pfiff er anerkennend,
als er mich sah.

Mir, die ich noch nie aus Norwegen weggekom-
men war, kam Max vor wie ein Mann von Welt. Ich
liebte und bewunderte ihn!

Es war in dem Club sehr lustig – und vor allem
warm! Wir tanzten begeistert, Max war ein guter
Tänzer, das nahm mich noch mehr für ihn ein. Auch
die anderen Soldaten und die norwegischen Mädchen waren nett, und ich begann, diese Abende zu
genießen.

Es war eine schöne, aufregende Zeit für mich.

Meinen Freunden fiel natürlich auf, dass ich immer
seltener zu unseren Zusammenkünften und Tanzpartys kam.

Einmal sprach mich Åse deswegen an: »Sag, was
ist los mit dir, Morild? Warum kommst du kaum
mehr? Du hast doch was, oder? Hast du dich über
uns geärgert?«

Ich sah verlegen zur Seite.

»Komm, mir kannst du es doch sagen! Wir sind doch beste Freundinnen, oder etwa nicht?«

Erst wand ich mich, doch dann brach es aus mir heraus: »Ich bin verliebt!«

»Na sag! Das ist doch toll!«, sprudelte es begeistert aus ihr heraus. »Wie heißt er denn, kenne ich ihn?«

Ich schüttelte den Kopf. »Er ist Deutscher!«, bekannte ich leise.

Åse sah mich entsetzt an: »Ein Deutscher?! Dann lachte sie schrill: »Das ist nicht dein Ernst, oder?«

»Doch, es ist mein Ernst,«, antwortete ich fest. »Er heißt Max und ist Matrose, Signalgast auf einem Schiff im Oslofjord, bei Ekeberg.«

Åse sah mich ungläubig an. »Signalgast!?«

»Ja. Das sind die Matrosen, die Ausschau halten nach anderen Schiffen und dann Signal geben.«

Sie schüttelte den Kopf. »Ich glaub es nicht! Wie hast du ihn kennengelernt?«

»Ich war mit Ingeborg draußen am Oslofjord, und da kam er mit seinem Freund daher. So haben wir uns kennengelernt.«

»Einfach so kennengelernt!? Ich fasse es nicht! Du weißt doch, dass wir mit den Deutschen nichts anfangen dürfen, Morild! Und ausgerechnet du, wo dein Vater im Untergrund ist, weil er von den Deutschen gesucht wird!«

»Ich weiß.« Ich begann zu weinen. »Aber ich liebe ihn, und er liebt mich!« Ich nahm ihre Hand. »Du solltest ihn einmal kennenlernen, er würde dir auch gefallen!«

44

Sie schüttelte den Kopf.

»Bitte verrate mich nicht, es darf niemand wissen!«, flehte ich sie an.

»Natürlich verrate ich dich nicht, aber wie soll das weitergehen, wie stellst du dir das vor?«

»Das weiß ich nicht, Åse. Ich weiß nur, dass ich Max über alles liebe. Ich kann an nichts anderes denken!«

Dann erzählte ich ihr von Max, wie glücklich er sei im Süden Norwegens, wo es keine Kämpfe gab und er nicht irgendwo an der Front eingesetzt war. Dass die Deutschen die Norweger mögen und dass wir, Max und ich, nach dem Krieg vielleicht zusammen in Norwegen leben könnten oder in Deutschland.

Åse sah mich verständnislos an. »Lass das ja nicht Einar wissen!«, warf sie ein. »Der hat gegen die Deutschen gekämpft, droben im Norden, und er hasst die Deutschen genau wie dein Vater!« Sie schüttelte wieder den Kopf. »Da hast du dir was Schönes eingebrockt, Morild, aber wenn du ihn so liebst ...!« Sie seufzte.

»Ja, ich liebe ihn, und ich will bei ihm bleiben! Für immer!«

Sie umarmte mich. »Ich verrate dich nicht, und irgendwann werde ich mir diesen Max mal ansehen. Nur Einar darf es nicht wissen, es bleibt unser Geheimnis!«

Ich war so froh, dass ich jemanden hatte, mit dem ich über meine verbotene Liebe sprechen konnte und der mich verstand oder sich zumindest darum bemühte.

Nun war es auch einfacher, Ausreden zu finden, wenn ich mich mit Max traf. Ich hatte Åse als Alibi.

Liebende in ihrer Traumwelt denken an nichts anderes als an ihre Liebe, haben für nichts anderes Augen als für sich. Max und ich wurden bei unseren Treffen unvorsichtiger, und so blieb es nicht aus, dass unser Verhältnis entdeckt wurde.

Eines Tages, als ich von der Arbeit kam, erwartete mich meine Mutter, in der Küche sitzend. Inger war nicht da, wir waren allein. Ich spürte sofort, dass etwas in der Luft lag.

»Morild, setz dich zu mir. Ich muss dich etwas fragen!« Sie zeigte auf den Stuhl neben sich.

Mir wurde flau, ich ahnte, was kommen würde.

»Jemand hat mir heute gesagt, dass du mit einem deutschen Soldaten zusammen bist. Man hat dich mehrmals mit ihm gesehen«. Sie sah mich ungläubig an. »Ist das wahr, Morild?«

Nun konnte ich nicht mehr länger lügen. »Ja, Mama, es ist wahr«, gab ich zu. »Ich liebe einen Deutschen, schon seit ein paar Monaten, und er liebt mich auch!«, fügte ich fast trotzig hinzu.

»Seit ein paar Monaten!« Sie sah mich fassungslos an. »Weißt du, was das heißt, Morild? Für unsere Familie, für deinen Vater, der sich vor den Deutschen verstecken muss? Ausgerechnet du, wo du Papas Lieblingskind bist! Du weißt doch, was für eine Schande es ist, wenn sich ein Mädchen mit einem Deutschen einlässt!«

Ich senkte den Kopf. Ich verstand meine Mutter, es musste schrecklich für sie sein.

»Du musst dich von dem Mann trennen«, meinte sie resolut.

Ich schüttelte den Kopf. »Das kann ich nicht!«, schluchzte ich. »Mama, sag bitte Papa nichts, wenn er mal nach Hause kommt oder du ihn irgendwo heimlich triffst«, flehte ich sie an.

»Wie stellst du dir das vor, Morild? Er wird es irgendwann erfahren, wenn du es nicht beendest! Ich kann und ich will es ihm nicht verheimlichen.«

»Bitte, warte noch, Mama. Wenn du Max kennenlernen würdest, würdest du anders denken. Er ist ein anständiger Mensch! Er kann nichts dafür, dass Krieg ist. Er ist nur ein einfacher Soldat!«

»Ich glaube dir, Morild, dass er nicht böse ist. Aber es geht nicht. Die Deutschen halten unser Land besetzt. Du siehst doch selbst, wie sich alles zum Schlechten verändert hat! Sie sind unsere Feinde, auch wenn sie so tun, als wären sie unsere Freunde. Und es ist gefährlich! Man hört, dass alle Frauen, die sich mit einem Deutschen eingelassen haben, nach dem Krieg schwer bestraft werden sollen. Willst du das, Morild?««

»Nein, natürlich nicht! Ich weiß das alles. Trotzdem liebe ich ihn!«, beharrte ich.

Eine Woche später, ein Unglück kommt selten allein, kam die Nachricht, dass meine Großmutter Karen in Ålesund gestorben war. Sie war schon länger krank gewesen, trotzdem kam es überraschend, und es traf meine Mutter hart.

»Morild, ich muss zur Beerdigung nach Ålesund fahren, und ich erwarte von dir, dass du diese

Beziehung zu dem Deutschen beendest, bis ich wieder zurück bin. Versprich mir das!« Sie sah mir in die Augen.

Ich nickte, mein Herz war schwer.

Die letzten Tage hatte sie immer wieder mit mir gesprochen, mir die Unmöglichkeit meiner Liebe zu Max vor Augen geführt, über die Schande gesprochen, die ich über die Familie brächte.

Als ich Max am nächsten Tag traf, erzählte ich ihm alles.

Er war so bekümmert wie ich, nahm mich in die Arme, hielt mich fest.

»Ich weiß nicht mehr, was ich machen soll«, weinte ich. »Alt er så vanskelig, alles ist so schwer! Aber ich liebe dich, Max! Ich kann mich nicht von dir trennen.«

»Ich liebe dich auch Morild! Ich will dich nicht verlieren.« Er sah mich beschwörend und eindringlich an. »Egal was passiert, wir werden zusammenbleiben, irgendwie! Ich will dich heiraten, und ich will Kinder von dir! Am liebsten hätte ich schon jetzt ein Kind!«

Ich nickte. »Das wünsche ich mir auch, Max!«

Damit war die Entscheidung gefallen. Wir würden für immer zusammengehören.

Das Versteckspiel hatte ein Ende. Doch damit begannen die wirklichen Schwierigkeiten.

Von deutscher Seite war es den Wehrmachtsangehörigen nicht verboten, mit Norwegerinnen Kontakt zu haben, es wurde, im Gegenteil, begrüßt. »Verbrüderung der arischen Rassen« nannte man das.

Ganz anders bei den meisten Norwegern – und das bekam ich nun zu spüren. Manches Mal war es das reinste Spießrutenlaufen, in der Nachbarschaft unterwegs zu sein, nachdem es sich herumgesprochen hatte, dass ich mit einem Deutschen zusammen war. Da trafen mich oft böse Blicke und Worte, auch Freunde und Freundinnen wandten sich ab, wenn auch nicht alle.

Meine Schwestern Clare und Inger konnten mich nicht verstehen. »Hast du denn den Verstand verloren, Morild? Du solltest dich schämen. Das ist Landesverrat, was du machst!«, schrie mich Inger an.

Da knallte ich die Tür hinter mir zu.

Es gab noch viele weitere hässliche Szenen, auch mit Clare. Der Frieden in der Familie war dahin.

Auch in der übrigen Verwandtschaft war man entsetzt: »Wirf sie raus, Ragnhild, wenn sie so etwas macht, dieses Flittchen!«, forderte eine Cousine meine Mutter auf.

»Sie ist kein Flittchen, nur weil sie sich verliebt hat, und wo sollte sie denn hin?«, entgegnete meine Mutter verletzt. »Was auch immer, sie ist und bleibt mein Kind!« Mama hielt trotz aller Vorbehalte zu mir. »Im Übrigen ist sie nicht die Einzige. Du weißt, dass unsere Cousine Luvise aus Ålesund schon zwei Kinder von zwei verschiedenen Soldaten hat.«

»Ach, die! Die sollte sich was schämen, bringt die ganze Verwandtschaft dort in Verruf! Die wird schon noch sehen, was nach dem Krieg mit ihr passiert – und mit ihren Tyskerbarna, ihren Deutschenbälgern.«

Inzwischen hatte Mama es meinem Vater gesagt, und ich weiß, wie enttäuscht er von mir war. Für ihn, der von den Deutschen verfolgt wurde, war es unvorstellbar, dass sich seine Tochter mit einem Deutschen eingelassen hatte.

Nun war ich eine »Tyskertøs«, ein Deutschenliebchen, und verfemt. Im Bekanntenkreis, selbst auf der Straße wurde ich gemieden.

Ich erinnere mich an eine Begebenheit, als ich mit einem neuen schwarz-weiß gestreiften Kleid, dessen Falten hübsch aufsprangen, von der Arbeit nach Hause ging. Ich bemerkte auf der gegenüberliegenden Straßenseite eine Frau, die mich auffällig anstarrte, dann die Straße überquerte und direkt auf mich zukam. Ich kannte sie nicht, aber ich hatte schreckliche Angst, sie würde mich beschimpfen oder sogar anspucken. Sie wusste vielleicht, dass ich eine »Tyskertøs« war. Dann blieb die Frau vor mir stehen und sagte: »Ich muss Ihnen sagen, ich habe noch nie so ein hübsches Kleid gesehen!«

Mir fiel ein Stein vom Herzen.

Das Kleid habe ich noch heute zur Erinnerung im Schrank.

Ich war nicht die Einzige, die sich in einen deutschen Soldaten verliebte. Im Laufe der deutschen Besatzung würden sich noch viele norwegische Mädchen, man spricht heute von fünfzigtausend jungen Frauen, mit einem Deutschen einlassen, manche auch schwanger werden und ein Kind bekommen.

Ich flehte meine Eltern an, ihnen Max vorstellen zu dürfen. Ich hoffte, sie würden ihre Meinung ändern, wenn sie ihn kennengelernt hätten. Endlich willigten sie ein, wenn auch widerwillig, und er durfte zu uns nach Hause kommen.

»Komm bitte nicht in deiner Uniform«, bat ich ihn inständig.

Ich wusste, wie schwierig das für Max war, denn die einfachen Dienstgrade wie er durften nur in Dienstkleidung ausgehen.

Da war Fritz, sein Freund, eine Hilfe. Er schmuggelte Max' Zivilkleidung aus der Seemannsschule in Ekeberg, so konnte Max unentdeckt seine Kleidung wechseln.

Max kam mit einem Blumenstrauß und machte durch sein freundliches, höfliches Benehmen einen guten Eindruck bei meiner Mutter, trotz aller Vorbehalte, die sie gegen ihn hatte.

»Ich liebe Morild«, versicherte er meinen Eltern. »Ich möchte, dass sie meine Frau wird, sobald es möglich ist. Einmal muss dieser Krieg vorbei sein!«

Mein Vater entgegnete hart: »Ihr nehmt uns unsere Töchter – und die könnt ihr behalten. Aber unser Land, das müsst ihr uns zurückgeben!« Dann verließ er das Zimmer.

Niemand in unserer Familie, und schon gar nicht meine Schwestern, waren glücklich über meine Beziehung zu Max.

Es war und blieb eine Schande, aber man akzeptierte es notgedrungen, mir zuliebe.

Ab da ließ ich mich immer öfter in der Öffentlichkeit mit Max sehen, stand zu ihm, auch wenn es nicht immer leicht war. Wie früher ging ich wieder zu meinen Tanzpartys und nahm ihn mit, es waren meist auch andere deutsche Soldaten dabei.

Allmählich akzeptierten meine Freunde, dass wir ein Paar waren. Sogar Einar freundete sich mit Max an. Wir alle waren junge Menschen, die sich amüsieren wollten und nichts sehnlicher wünschten, als dass der Krieg vorbei sein und normale Zeiten anbrechen würden.

Ab jetzt durfte mich Max auch zu Hause besuchen, die Monate des Versteckens waren vorbei.

Für uns beide war ohne viele Worte klar, dass wir heiraten und eine Familie gründen wollten.

Max und ich wurden uns immer vertrauter, trotz unserer sprachlichen Verständigungsprobleme.

Einmal fragte ich ihn, woher aus Deutschland er denn komme. Sicher aus dem Norden, von der Nordseeküste vielleicht?

Er lachte und schüttelte den Kopf. »Nein, ganz im Gegenteil, ich komme aus dem äußersten Süden von Deutschland«. Er zeichnete auf seiner Handfläche die Umrisse Deutschlands nach. »Schau, hier, ganz hier unten ist Bayern. Hier sind auch die Alpen, die hohen Berge. Das ist meine Heimat«, meinte er stolz.

»Aber da ist kein Meer! Wie bist du dann ausgerechnet Matrose geworden?«

»Ach, weißt du, als ich wusste, dass ich eingezogen werden würde, habe ich mich freiwillig gemeldet. So konnte ich mir die Waffengattung aussuchen. Ich wollte nicht Gebirgsjäger werden wie die meisten bei uns, ich habe die Marine gewählt und bin auch genommen worden.«

»Aber warum ausgerechnet die Marine?«

Er zuckte mit den Schultern. »Vielleicht war es Abenteuerlust, oder ich wollte einfach weit weg von zu Hause.« Er schwieg, schien nachzudenken. »Ich hatte keine schöne Kindheit, weißt du«, fuhr er fort. »Meine Mutter ist gestorben, als ich zwei Jahre alt war. Ich habe noch einen Bruder, Josef, der ist älter als ich. Mein Vater ist ein Säufer, ich kann es nicht anders sagen. Er hat sich nicht um uns Kinder gekümmert. Jeden Tag bekamen wir Schläge. Wir halfen selbst in unserer Schulzeit nachmittags bei Bauern aus, damit wir etwas zu essen hatten. Es wurde erst besser, als ich aus der Schule kam und Arbeit hatte. Ich habe in der Nähe unseres Wohnortes in einer Deckenfabrik gearbeitet, so wie du! Da habe ich einen Freund gefunden, Christian, und der hat mich oft zu sich nach Hause mitgenommen, zu seiner großen Familie. Und ich habe dort zum ersten Mal erlebt, was eine richtige Familie bedeutet.« Er sah mich an und lächelte. »So eine Familie möchte ich auch einmal haben, mit dir!« Sein Blick wurde sehnsüchtig. »Christian hat noch drei Brüder, vier Buben sind das«, fuhr er fort. »Ihre Mutter, sie heißt Julie, ist eine gute Frau, die hat ein Herz aus Gold! Als sie mitbekommen hatte, wie elend es mir ging, meinte sie: ›Wenn schon vier Buben hier sind, dann geht es auch mit fünfen!‹ Und so bin ich bei ihnen eingezogen. Weißt, Morild, die Julie, das ist der beste Mensch, den ich kenne!«

Damals hörte ich den Namen »Julie« zum ersten Mal und ahnte nicht, welche Rolle diese Frau in meinem weiteren Leben spielen würde.

»Wenn wir uns wiedertreffen, bringe ich ein paar Fotos mit von daheim!«, versprach er.

Tatsächlich zeigte er mir bei unserem nächsten Treffen Fotos von seinem Zuhause. Auf einem sah ich ein großes, eher schmuckloses weißes Haus, einige Personen standen davor.

»Schau, das sind der Christian, der Hans, der Paul und der Albert, und das da, das ist die Julie.«

Neugierig schaute ich mir die unscharfen Schwarz-Weiß-Aufnahmen an. Besonders beeindruckten sie mich nicht.

»Schau, da! Da bin ich mit Christian in den Bergen. Der Christian, der ist bei den Gebirgsjägern gelandet. Alle Buben von der Julie, außer dem Hans, der noch zu jung ist, sind Soldaten, irgendwo an der Front.«

Unter den Fotos war das Bild eines kleinen Mädchens, es mochte ungefähr ein Jahr alt sein. Max versteckte es unter den anderen Bildern, doch ich fingerte es heraus.

»Wer ist das?«, fragte ich neugierig.

»Ach, das ist das Kind meiner Schwester«, meinte er und nahm das Bild an sich.

»Ich wusste gar nicht, dass du eine Schwester hast«, bemerkte ich verwundert.

Er raffte die Fotos eilig zusammen und schob sie in seine Tasche, stand auf. »Ich muss gehen«, meinte er.

Ich spürte, dass eine ungute Stimmung entstanden war. »Was hast du, Max?«, fragte ich besorgt.

Er räusperte sich, zauderte, dann setzte er sich wieder neben mich. »Ich muss dir etwas beichten, Morild. Ich will ehrlich zu dir sein.«

Ich sah ihn fragend an.

»Das kleine Kind auf dem Foto, das ist mein Kind«, platzte er heraus.

»Dein Kind?«, fragte ich erschrocken.

»Ja, ich glaube schon! Zumindest behauptet es die Mutter.«

»Was heißt, du glaubst es? Hast du eine Freundin in Deutschland, oder sogar eine Frau?« Ich war zutiefst erschrocken.

»Nein! Weder eine Freundin noch eine Frau, das musst du mir glauben!«

»Aber woher kommt dann das Kleine?«, fragte ich gereizt.

»Ich habe mit der Hedwig, der Mutter, ein einziges Mal geschlafen, es war mein erstes Mal. Ich war noch ganz unerfahren, und so muss es passiert sein. Ich war schon bei der Marine, als ich erfahren habe, dass die Hedwig ein Baby kriegt und mich als Vater angegeben hat.«

Ich sah ihn verstört an, mit so etwas hätte ich nie gerechnet. »Aber warum hast du mich angelogen? Hast gesagt, es wäre das Kind deiner Schwester?«

Er hatte den Kopf gesenkt, dann sah er mich schuldbewusst an.

»Ich hatte solche Angst, dass du mich nicht mehr lieb hast, wenn du es weißt.«

Ich schwieg, diese Eröffnung traf mich tief.

»Die Julie meint, ich solle, wenn ich mal auf Heimaturlaub bin, einen Vaterschaftstest machen lassen. Die Hedwig wäre ein lockeres Mädchen, die hätte es auch mit anderen getrieben.« Er nahm wieder das Bild zur Hand, betrachtete es. »Aber ich glaube, diese Irmgard, so heißt sie, ist wirklich mein Kind. Schau mal, die Augen und der Mund! Ich finde, sie gleicht mir!«

Widerwillig nahm ich das Foto zur Hand. »Ja, es ist gut möglich«, stimmte ich ihm zu.

Max saß mit gesenktem Kopf da, ich schwieg.

Nach einer Weile fasste er meine Hand. »Und jetzt? Magst du mich trotzdem noch, Morild?«

Ich sah ihn an, sah seine Bedrücktheit, seine Angst, mich zu verlieren. »Ich glaube schon, Max. Aber ich muss erst einmal darüber nachdenken.«

Er seufzte. »Das versteh ich. Aber das Ganze hat nichts mit uns zu tun, Morild. Ich liebe nur dich, das musst du mir glauben! Das mit der Hedwig, das war ein Unfall, nichts anderes! Aber jetzt ist das Kind da!« Dann sagte er auf Norwegisch: »Jeg elsker deg«, und das rührte mich.

»Ich liebe dich auch«, wiederholte ich auf Deutsch. Ich stand auf. »Ich muss jetzt gehen, Max!«

Er umarmte mich. »Sehen wir uns wieder, am Samstag, wie immer?«

Ich nickte nur, dann trennten wir uns.

Dieses Mal kam ich nicht beschwingt wie sonst nach meinen Treffen mit Max zurück. Meine Mutter bemerkte sofort meine Missstimmung.

»Was ist los, Morild?«, fragte sie mich besorgt.

Ich schüttelte den Kopf, doch sie sah die Tränen in meinen Augen.

»Habt ihr euch verkracht?«, fragte sie, fast hoffnungsvoll.

Wieder schüttelte ich den Kopf.

»Na, dann sag mir doch, was los ist«, versuchte sie mich zu beruhigen.

»Max hat ein Kind!«, brach es aus mir heraus.

»Oh!«, entfuhr es meiner überraschten Mutter.

Dann erzählte ich ihr aufgebracht alles, was ich wusste.

Sie nahm meine Hand. »Und jetzt weißt du nicht, was du tun sollst?«

Ich nickte.

»Du weißt, wie froh wir alle wären, wenn du nicht mit einem Deutschen zusammen wärst. Aber es ist natürlich deine Entscheidung. Im Übrigen ist es nicht das einzige Kind, das so auf die Welt kam, ungewollt.« Sie seufzte. »Immerhin hat er den Mut gehabt, es dir zu sagen.«

Sie legte den Arm um mich. »Überschlaf es erst einmal und prüfe dein Herz, ob deine Liebe stark genug ist, das zu akzeptieren.«

Es tat mir gut, wie meine Mutter reagierte, dass sie Max nicht verdammte. Es wäre verständlich gewesen, wenn sie die Gelegenheit genutzt hätte, mich zu überreden, ihn wegen dieses Kindes zu verlassen. Aber sie tat es nicht.

Bis ich mich mit Max wieder traf, hätte ich eine Entscheidung gefällt.

Ich würde meine Liebe zu ihm nicht wegen einer Jugendsünde aufgeben.

»Max, du musst besser Norwegisch lernen«, hielt ich ihm bei unserem nächsten Treffen vor, denn unsere Unterhaltungen waren doch recht eingeschränkt.

Darauf meinte er: »Du musst besser Deutsch lernen, denn wenn wir erst verheiratet sind, ziehen wir nach Deutschland, in meine Heimat.«

»Soll das ein Heiratsantrag sein?«, fragte ich mit Herzklopfen.

»Natürlich! Ich will dich heiraten – wenn du auch willst?« Er sah mich fragend an.

»Ja, ich will!«, jubelte ich.

Damit war endgültig klar, dass wir für immer zusammenbleiben würden.

Widerstand und Konzentrationslager

Die Repressalien der Deutschen, der »Gestapo«, der Geheimen Staatspolizei, zusammen mit den SS-Leuten nahmen mehr und mehr zu. Immer wieder kam es zu Verhaftungen.

Auch Onkel Martin, einen Bruder meines Vaters, der in Ålesund lebte und Fischer war, hatte es erwischt.

Einige junge Norweger hatten ihn bedrängt, sie mit seinem Fischkutter nachts zu einer Insel außerhalb der Dreimeilenzone zu bringen, dort würden sie von Kameraden aufgenommen und nach England gebracht werden, zum Kampf gegen die Deutschen.

Onkel Martin lehnte erst lange ab, meinte, er wäre zu alt für solcherlei Unternehmungen, aber die jungen Widerstandskämpfer ließen nicht locker. Endlich gab er nach. Sie wurden geschnappt, und Onkel Martin wurde in das Konzentrationslager *Grini* bei Oslo gebracht, von dort aus nach Sachsenhausen, eines der berüchtigten KZs in Deutschland, deportiert.

Erst nach dem Krieg erfuhr ich, dass er die Gefangenschaft überlebte und nach Norwegen zurückkam. Er hat nie über diese Zeit gesprochen.

Onkel Martins Verhaftung machte es nicht leichter für Max und mich. Als ich es ihm erzählte und ihm Vorhaltungen machte, meinte er bedrückt:

»Die Gestapo und die SS, das sind schlimme Männer, das sind die echten Nazis. Vor denen haben selbst wir ›normalen‹ Soldaten Angst. Pass auf, dass du denen nicht in die Fänge gerätst. Doch vielleicht würde es dir helfen, wenn sie erfahren, dass du mit einem Deutschen befreundet bist.«

Was mein Vater genau arbeitete, wusste ich nicht. Er sprach wenig darüber, und jetzt, nachdem ich mit einem Deutschen zusammen war, erfuhr ich gar nichts mehr.

Eines Abends kam unser Hausmeister zu uns in die Wohnung. Er war Polizist und erfuhr oft, wenn Durchsuchungen oder Verhaftungen angesagt waren, denn die norwegische Polizei musste bei solchen Anlässen zugegen sein.

»Ivar, es ist besser, du verschwindest für ganz, und zwar heute noch. Ich weiß nicht genau, was im Busch ist, aber es sind Razzien angesagt. Ich will dich vorsichtshalber warnen.«

Mein Vater packte sogleich einige Sachen in eine Tasche und verschwand, er übernachtete vorerst bei meiner Schwester Clare, die inzwischen mit ihrem Mann Arne in Oslo wohnte.

Von da an lebte Vater ganz im Untergrund, und nur meine Mutter, vielleicht noch Clare, wusste, wo er sich aufhielt.

Tatsächlich kam am nächsten Tag die Gestapo und fragte nach meinem Vater. Sie durchsuchten die Wohnung, fanden sein unberührtes Bett vor. Sie vernahmen meine Mutter stundenlang, doch sie verriet nichts.

»Wir kommen wieder, verlassen Sie sich drauf. Wir haben Mittel und Wege, um Sie zum Sprechen zu bringen!«, drohten sie, als sie die Wohnung verließen.

Ich wusste nicht, wo sich mein Vater versteckte, doch meine Mutter traf sich gelegentlich, wenn auch selten, an geheimen Orten mit ihm.

Clare, Inger und ich hatten Angst um unsere Eltern, doch Mutter meinte, wir sollten weiter so leben wie bisher, uns unauffällig verhalten. Sie war sicher, dass wir unter Beobachtung standen.

Es geschah am 23. April 1942.

Inger und ich waren an jenem Tag wie immer zur Arbeit gegangen. Am Stadtplatz sahen wir eine Vielzahl von Militärautos der Gestapo und viele SS-Männer. Mir wurde bange. Sollte ich nicht doch nach Hause gehen? Meine Mutter war allein in der Wohnung. Doch da sie wollte, dass wir uns so wie immer verhalten sollten, ging ich weiter zur Arbeit.

Am Vormittag rief mich der Geschäftsleiter zu sich, es wäre ein Anruf für mich da. Es war unsere Hausmeisterin: »Morild, die Gestapo ist bei euch. Komm nach Hause! Ich habe auch Inger schon Bescheid gesagt«, flüsterte sie ins Telefon.

Sofort rannte ich los. Ich war zu der Zeit schon ein »bisschen« schwanger, doch vorerst wussten es nur Max und ich.

Sie werden mir nichts tun, dachte ich, denn ich hatte von einer Schwangeren gehört, die nach *Grini* gebracht, aber zur Entbindung wieder freigelassen worden war. Und der Vater meines Kindes war immerhin Deutscher!

Ich kam zeitgleich mit Inger an unserem Haus an. Die Hausmeisterin stand schon auf der Straße.

»Sie haben eure Mutter mitgenommen!« Sie rang die Hände, war außer sich. »Eure arme Mutter!«, jammerte sie.

Wir stürmten hinauf in die Wohnung. Auf dem Tisch lag ein Zettel, auf den Mama mit zittriger Schrift geschrieben hatte: *Sie bringen mich nach Grini! Seid tapfer!*

Inger und ich umarmten uns.

»Jetzt sind wir ganz allein«, schluchzte Inger.

»Sie können sie nicht über Nacht dortbehalten«, versuchte ich sie, ebenfalls weinend, zu beruhigen. »Sie kommt sicher bald zurück.«

Doch sie kam nicht, aber wir blieben nicht lange allein. Noch an diesem Tag kamen Gestapoleute und vernahmen uns. Sie erklärten uns, Mutter würde sofort entlassen, wenn wir das Versteck unseres Vaters verrieten.

Wir mussten nicht einmal lügen, denn wir kannten es beide nicht.

Die kommende Woche blieben jeweils zwei Gestapoleute bei uns in der Wohnung, Tag und Nacht, im Schichtwechsel von acht Stunden.

Sie saßen im Wohnzimmer und warteten darauf, dass mein Vater käme. Doch mein Vater war längst gewarnt und kehrte nicht in die Wohnung zurück.

Inger und ich hielten uns in der Küche auf und schliefen in einem Zimmer. Die Gestapoleute verhielten sich uns gegenüber korrekt, trotzdem war es schrecklich, sie in der Wohnung zu haben.

Wir gingen nicht zur Arbeit, trauten uns kaum, uns zu bewegen, wussten nicht, ob wir die Wohnung verlassen durften.

Irgendwann ging ich doch einmal hinaus, ich hielt es drinnen nicht mehr aus. Ob ich verfolgt wurde, weiß ich nicht, ich bemerkte nichts, und keiner der Bewacher beanstandete es.

Eines Nachmittags legte ich mich in unserem Zimmer aufs Bett. Inger war nach draußen gegangen. Erschöpft von alledem, wollte ich mich ausruhen, aber an Schlaf war nicht zu denken.

Dann hörte ich die Wohnungsklingel, Gepolter von Stiefeln, Männerstimmen, ich zitterte vor Angst. Was wollten sie? Würden sie auch Inger und mich holen? Ich lag starr vor Angst im Bett, verhielt mich mucksmäuschenstill.

Plötzlich war es ruhig. Nach einer Weile schlich ich ins Wohnzimmer. Auf dem Tisch lag ein Zettel, auf dem stand, dass die Überwachung aufgehoben wäre.

Nun hofften wir, dass unsere Mutter zurückkommen würde. Wir hatten seit ihrer Festnahme nichts von ihr gehört. Aber sie kam nicht.

Dass sie dreizehn Monate im KZ *Grini* festgehalten werden würde, ahnten wir damals nicht.

Ich wollte unbedingt meine Mutter sehen, um ihr zu sagen, dass ich ein Kind bekommen würde, ein Kind, das sich Max und ich wünschten.

In meiner Naivität ging ich in die Zentrale der Gestapo in Oslo, man konnte mir meine Schwangerschaft bereits ansehen. Ich erkundigte mich nach meiner Mutter, fragte, ob ich sie besuchen könne.

Ich wurde von Zimmer zu Zimmer geschickt, man musterte mich. Schließlich wurde ich in einen Raum geführt, in dem zwei Gestapoleute saßen, mit Dokumenten vor sich.

Nun wurde ich erneut verhört, man wollte wieder wissen, wo sich mein Vater aufhielt. Ich erklärte immer wieder, ich wüsste es nicht.

»Aber Ihr Bruder weiß es!«

Verdutzt antwortete ich: »Ich habe keinen Bruder!«

Sie wechselten Blicke, tuschelten miteinander, wollten mich verunsichern. Endlich sagte einer: »Ihrer Mutter geht es *noch* gut. Sie ist in der Nähstube untergebracht.«

Ich atmete erleichtert auf, ich wusste, dass meine Mutter gut nähen konnte. Doch er fuhr unbarmherzig fort: »Wenn Sie oder Ihre Mutter uns nicht sagen, wo Ihr Vater ist, wird sie in ein Konzentrationslager nach Deutschland gebracht, und in diesen Lagern ist es viel schlimmer als hier in Norwegen.«

»Aber ich weiß nicht, wo mein Vater ist«, schluchzte ich verzweifelt.

Sie ließen mich gehen. Doch zum Abschied meinte einer warnend: »Sie wissen doch, was mit Leuten passiert, die gegen uns Deutsche arbeiten, nicht wahr?«

Ich nickte. Vor wenigen Tagen waren zehn völlig unschuldige norwegische Männer hingerichtet worden, weil ein Deutscher von einem Norweger erschossen worden war. Dasselbe würde wohl meinem Vater passieren, sollten sie ihn finden.

Dass ich mit einem Deutschen zusammen war und ein Kind von ihm bekam, sagte ich nicht.

Ich fürchtete, dass auch Max in unsere Schwierigkeiten hineingezogen werden könnte.

Trotz all dieser schrecklichen Vorkommnisse hielt ich treu an meiner Liebe zu Max fest. Ich wusste, dass er mit all dem nichts zu tun hatte und lieber heute als morgen mit mir und unserem Kind nach Deutschland ginge. Doch daran war nicht zu denken.

Inger und ich hielten es nicht mehr aus, wir wollten unsere Mutter sehen, mit ihr sprechen und ihr einige Sachen bringen. Ich wollte ihr endlich sagen, dass ich ein Kind bekam.

Wir fuhren hinaus nach *Grini,* das außerhalb Oslos lag.

Von Weitem schon sahen wir die meterhohen Stacheldrahtzäune, die Absperrungen, die vielen Militärfahrzeuge, die Wachsoldaten, hörten die Wachhunde bellen, Deutsche Schäferhunde.

Wir meldeten uns bei der Kommandantur an. Man ließ uns lange warten, bis wir endlich in ein Büro geführt wurden. »Wir möchten unsere Mutter, Frau Ragnhild Ertresvåg, besuchen«, brachten wir vor.

Der Beamte schüttelte den Kopf. »Glaubt ihr, wir sind hier ein Hotel, oder was? Es gibt hier keine Besuche!« Mit einem Blick auf das Bündel, das wir bei uns hatten, meinte er gönnerhaft: »Das könnt ihr hierlassen, wir werden es ihr geben!« Dann ging er zur Tür und öffnete sie.

Wir waren entlassen.

Draußen gingen wir am Stacheldrahtzaun entlang, spähten in das Gelände, argwöhnisch von den Wachsoldaten beobachtet.

Im Gelände arbeiteten Häftlinge.

»Halt, Morild!« Inger packte mich am Arm. »Da drüben ist Onkel Martin!«, rief sie aufgeregt. Tatsächlich sahen wir Onkel Martin in Anstaltskleidung, mit einer Schaufel den Boden bearbeitend.

Wir riefen ihm zu, er sah auf, erkannte uns und winkte uns heimlich zu. Dann deutete er versteckt nach hinten, zu einem anderen Mann.

»Ist das nicht Onkel Knut?«, fragte ich Inger.

Doch bevor wir noch weiter schauen konnten, kamen Wachsoldaten mit zwei Hunden, die an der kurzen Leine zogen, bellten und geiferten.

»Schaut, dass ihr wegkommt«, riefen sie uns zu. »Oder wollt ihr rein?«, höhnten sie. Dann lachten sie.

Schnell suchten wir das Weite. Wir waren verzweifelt, die Fahrt nach *Grini* war völlig zwecklos gewesen, keine Chance, unsere Mutter zu sehen. Ich hätte ihr so gerne gesagt, dass sie erneut Großmutter werden würde, nachdem Clare einen Sohn, den kleinen Lasse, geboren hatte.

Zu Hause bestätigte uns Clare, dass auch Onkel Knut ins KZ *Grini* gebracht worden war.

Er besaß ein Lebensmittelgeschäft in Oslo und hatte meinem Vater und anderen Männern im Untergrund immer wieder heimlich Lebensmittel zukommen lassen. Einer der Helfer, es war ein Norweger, hatte ihn verraten.

Auch Onkel Knut wurde von *Grini* aus in das KZ Sachsenhausen nach Deutschland gebracht. Wie Onkel Martin hat auch er überlebt und kehrte nach dem Krieg nach Norwegen zurück. Doch er war ein anderer geworden, wie ich später erfuhr. Er zog aufs

Land, auf den Bauernhof seiner Schwester. Dort lebte er einsam in einer kleinen Hütte. Die Tante versorgte ihn, denn er verließ die Hütte nie, sprach mit niemandem. Die Erlebnisse in dem KZ mussten so schrecklich gewesen sein, dass er sich ganz in sich zurückgezogen hatte und alle Menschen mied, bis zu seinem Tod.

Onkel Martin und Onkel Knut waren nicht die einzigen meiner Verwandten, die von den Deutschen verhaftet und für einige Zeit ins KZ gesteckt wurden. Eine ganze Reihe von Mitgliedern aus der Familie meines Vaters, auch Frauen, waren darunter. Die Deutschen waren unbarmherzig.

Ich bestürmte Clare, mich und Max mit meinem Vater zusammenzubringen. Wir wollten ihm sagen, dass wir ein Kind bekommen würden. Clare war, nachdem Mutter im KZ war, die Einzige, die Kontakt zu ihm hatte.

Erst weigerte sie sich vehement. »Es ist zu gefährlich, Morild. Noch dazu mit Max! Können wir ihm denn vertrauen? Stell dir vor, was passiert, wenn er Vater verrät!«

Ich verstand Clares Sorgen, trotzdem war ich wütend. »Max hasst die Gestapo genauso wie wir! Außerdem liebt er mich und will mich heiraten. Er würde niemals seinen Schwiegervater und Großvater seines Kindes verraten!«

Sie atmete tief durch und schüttelte den Kopf. »Ich glaube, du bist wirklich verrückt, Morild! Ich kann es nicht fassen! Auf jeden Fall muss ich Vater erst fragen, ob er euch beide sehen will«, beharrte sie.

Mein Vater willigte ein. »So soll es sein!«, ließ er Clare wissen.

Endlich war es so weit. Max lieh sich von Arne, der ungefähr seine Größe hatte, Zivilkleidung.

Arne brachte uns nachts, als keine Ausgangssperre war, zu einem Friedhof am Rande der Stadt, der in einer mir unbekannten Gegend Oslos lag.

»Geht zu der Kapelle in der Mitte des Friedhofs«, flüsterte Arne uns zu. »Rechts davon ist ein großer Busch, dort wartet Ivar auf euch, wenn alles geklappt hat. Ich bleibe hier und passe auf. Wenn irgendetwas nicht in Ordnung ist, pfeife ich drei Mal. Dann müsst ihr sofort verschwinden oder euch verstecken. Ist das klar?«, flüsterte er. »Ich hoffe, es geht alles gut!«

Ich nickte, fühlte mein Herz heftig klopfen.

Wir schlichen zu der Kapelle, deren Turm wir in einiger Entfernung sehen konnten. Dort blieben wir stehen, warteten ab. Ich versuchte, den Busch auszumachen, von dem Arne gesprochen hatte. Da hörte ich ein leises Pfeifen, und mein Vater zeigte sich, winkte uns zu sich.

Ich wollte ihm um den Hals fallen, doch er wehrte mich ab. Max stand neben mir.

»Lass, Morild. Wir haben nicht viel Zeit, ich muss schnell wieder weg.« Er sah mich an, sah meinen runden Bauch.

»Papa, ich wollte dir sagen, dass wir ein Kind bekommen, dass ich glücklich bin!«

Im Dunkeln konnte ich seinen Gesichtsausdruck nicht deuten, doch ich konnte mir denken, was er dachte.

»Ich weiß es schon von Clare, Morild.« Er sah mich eindringlich an. »Du und das Kind, ihr seid zu Hause immer willkommen, das sollst du wissen«. Es war klar, dass er damit Max ausschloss.

Ich nickte. »Papa, wie geht es dir?«

Er stieß einen unwilligen Laut aus. »Wie soll es mir ergehen, immer versteckt und deine Mutter im KZ!?«

Dann gab er mir kurz die Hand. »Geh deinen Weg, Morild, wenn es denn so sein muss!« Max nickte er kurz zu: »Pass gut auf sie auf – und auf das Kind!« Darauf verschwand er im Dunkeln.

Noch ein zweites Mal traf ich mich wieder heimlich und auf abenteuerlichen Wegen mit meinem Vater, dieses Mal war Inger dabei. Er fragte uns, ob er sich stellen solle, dann würde unsere Mutter aus dem KZ entlassen werden. Clare hatte uns bereits gesagt, dass er mit diesem Gedanken spielte, nun fragte er auch uns.

Wir flehten ihn an, es nicht zu tun! Es war sicher, dass er nach Deutschland in ein KZ gebracht werden würde, wenn nicht Schlimmeres. Viele der gefassten Männer aus dem Widerstand waren hingerichtet worden.

Es war ein trauriges Wiedersehen mit meinem Vater gewesen, vor allem, da ich wusste, wie enttäuscht er von mir war. Und doch hielt ich unverbrüchlich an meiner Liebe zu Max fest.

Zum weiteren Ungemach war Max inzwischen von der Seemannsschule auf ein Schiff in Horten, am

Eingang des Oslofjords verlegt worden. Dabei hatten wir noch Glück, dass man ihn nicht in die Gegend von Narvik im Norden geschickt hatte, wo die Kriegshandlungen stattfanden. Hier, bei Oslo, war es einigermaßen ruhig. Wir vermuteten, dass sein Vorgesetzter, Kapitänleutnant Schnöckel, seine schützende Hand über ihn hielt.

Es wurde schwieriger, uns zu sehen, was mich in meiner Schwangerschaft besonders bedrückte.

Wir selbst hatten kein Telefon, aber unser Hausmeister besaß als Polizist einen Apparat, und von dort konnte ich Max in Horten anrufen. Man holte ihn dann ans Telefon, und wir vereinbarten so unsere Treffen.

Da Max seinen Standort nicht verlassen durfte, oblag es mir, nach Horten zu fahren. Dazu musste ich von Oslo aus mit dem Zug nach Moss fahren und von dort mit der Fähre zum Stützpunkt übersetzen. Max wartete dort, wie vereinbart, vor dem Tor der Kaserne auf mich, und wir konnten uns in die Arme schließen.

Max war überglücklich, wenn ich die weite und gefährliche Reise auf mich nahm, nur um ihn für wenige Stunden zu sehen! Auch er litt unter unserer Trennung und machte sich Sorgen um mich und unser ungeborenes Kind.

Inzwischen wussten seine Kameraden und auch seine Vorgesetzten längst, dass er eine norwegische Freundin hatte, die ein Kind von ihm erwartete.

Wenn ich nach diesen Fahrten wieder zu Hause in unserer Wohnung in der der Grønlandsleret war, überkam mich das heulende Elend. Inger war inzwischen zu ihrem Verlobten Erling gezogen, und ich war allein in der Wohnung.

Mein Bauch wurde immer unförmiger, jeder konnte sehen, dass ich ein Kind erwartete, verachtete mich, und ich war so allein!

Am meisten vermisste ich meine Mutter, ich hätte so viele Fragen an sie gehabt, sie so dringend benötigt. Doch sie blieb im KZ gefangen.

Maxie, das Kind der großen Liebe

Der Oktober, der Monat, für den meine Entbindung errechnet war, nahte.

Max sorgte sich um mich, denn für Frauen, die ledig ein Kind von einem Deutschen bekamen, war es nicht einfach, einen Platz zur Entbindung oder eine Hebamme zu finden. Wir waren geächtet.

Doch Kapitänleutnant Schnöckel wusste Rat.

Die Deutschen hatten in Norwegen, ebenso wie in Deutschland und anderen besetzten Gebieten, sogenannte »Lebensbornheime« geschaffen.

In Norwegen entstanden so viele dieser Heime wie in keinem anderen Land außerhalb des »Altreiches«, denn die Norwegerinnen schienen den Deutschen am geeignetsten zur Auffrischung »germanischen Blutes« gemäß ihrer Rassenideologie. Man schätzt heute, dass im Laufe der deutschen Besatzung in Norwegen bis zu 12.000 Kinder einer norwegischen Mutter und eines deutschen Vaters geboren wurden.

Hier, in diesen Entbindungsheimen konnte man sein Kind zur Welt bringen, wenn es von einem Deutschen gezeugt worden war. Überdies konnten die jungen Frauen, die nicht wussten, wohin sie mit ihrem Kind gehen sollten, es in einem angegliederten Kinderheim zurücklassen. Viele dieser Kinder wurden zur Adoption freigegeben und ins »Reich« zu Adoptiveltern gebracht.

Die Norweger nannten diese Kinder verächtlich »Tyskerbarna«, Deutschenbälger. In ihren Augen waren es Kinder der Schande.

Max sorgte dafür, dass ich in dem Lebensbornheim bei Oslo entbinden konnte. Zu dem Zeitpunkt beantragte er auch die Heirat.

Als er diesbezüglich bei der deutschen Kommandantur vorsprach, meinten die Sekretärinnen, die den Antrag aufnahmen, barsch: »Du musst sie nicht heiraten, nur weil sie schwanger ist! Im Übrigen brauchen wir deutsche Frauen unsere Männer selbst. Es sind so viele gefallen!«

Zur Verheiratung benötigte man eine Menge Papiere wie Abstammungsurkunden, Ariernachweis und anderes.

Für mich war es schwierig, diese Papiere zu besorgen, da Vater im Untergrund und Mutter im Konzentrationslager war und ich sie nicht befragen konnte.

Doch ich wusste, dass meine Mutter Ragnhild von den Lofoten stammte. Eine Verwandte von dort versprach mir, sich um die Papiere zu kümmern. Nach einer gefühlten Ewigkeit kamen sie, allerdings ohne amtlichen Stempel und mit dem Hinweis: *Wir sehen nicht ein, dass wir für die Deutschen arbeiten sollen.*

Als der Antrag zur Heirat gestellt war, musste ich mich, um die Erlaubnis zur Eheschließung mit einem Deutschen zu erhalten, einer Untersuchung unterziehen. Ich wurde von einem Arzt untersucht, vermessen, gewogen und fotografiert, damit man bewerten konnte, ob ich zur »arischen Rasse« gehöre.

Die Beschaffung unserer Papiere dauerte sehr lange, sodass sich die Verehelichung hinzog und inzwischen der Entbindungstermin anstand. So wurde mein Kind unehelich geboren, was mir sehr missfiel. Doch ich war bei Weitem nicht die Einzige, denn fast alle Frauen dort waren unverheiratet.

Vier Wochen vor der Entbindung bekam ich Bescheid, dass ein Platz im Heim frei wäre.

Das Lebensbornheim bei Oslo war in einem feudalen früheren Luxushotel untergebracht, von einem großen Park umgeben.

Da Max nicht dienstfrei bekam, fuhr ich allein mit dem Zug, einen kleinen Koffer dabei, hinaus zum Heim. Von der Bahnstation aus musste ich noch ein beträchtliches Stück laufen. Endlich kam ich erschöpft an.

Ich wurde sehr freundlich aufgenommen und bekam ein schönes Zimmer zugewiesen. Es waren eine Menge Ärzte, Schwestern, Hebammen und Kinderkrankenschwestern da.

Zuerst wurde ich untersucht, dann wurde ein Essensplan erstellt. Wir werdenden Mütter bekamen zusätzliche Essensmarken, es sollte uns, die wir den gewünschten arischen Nachwuchs erwarteten, an nichts fehlen.

Für mich war, unter anderen, eine Schwester namens Hannelore zuständig. Sie war sehr nett, kümmerte sich rührend um mich, und es ging mir gut in der Zeit bis zur Entbindung. Gelegentlich konnte ich sogar mit Max telefonieren, der sehr erleichtert war, dass man mich gut untergebracht hatte.

Ich hatte keine Ahnung, wie die Entbindung verlaufen würde, konnte niemanden fragen, denn die Mütter mit Säuglingen waren in einem anderen Teil des Hauses untergebracht als jene, die die Geburt noch vor sich hatten. Es gab zwar Geburtsvorbereitungskurse, doch eine wirkliche Hilfe waren sie nicht.

In dieser Zeit vermisste ich meine Mutter mehr als sonst. Was für eine Stütze wäre sie mir gewesen!

Eines Tages bekam ich ziehende Schmerzen im Bauch, doch Schwester Hannelore beruhigte mich. »Das sind die ersten Wehen, das dauert noch!«

Nachts wurden die Wehen stärker, und Schwester Hannelore brachte mich in ein Entbindungszimmer. Ich musste mich auf eine Liege legen, die mir wie ein Operationstisch vorkam. Schwester Hannelore rief die Hebamme. Ich hörte, wie diese fragte: »Welche ist es denn?«, denn sie kannte uns alle von den Geburtsvorbereitungen.

»Die mit den schönen Hausschuhen«, gab die Schwester zurück. Da musste ich trotz meiner Schmerzen lachen. Meine Mutter hatte mir zu Weihnachten schöne schwarz-rot karierte Hausschuhe geschenkt, sie waren etwas Besonderes in dieser Zeit, in der man nichts bekommen konnte.

Gegen Morgen kam mein Kind zur Welt. Ich hatte nicht geahnt, wie schmerzhaft und mühevoll es war, ein Kind zu gebären.

»Was ist es denn?«, fragte ich, als ich das Kind schreien hörte.

»Ein hübsches Mädchen«, antwortete mir die Hebamme und legte mir ein kleines Bündel in den Arm. Erschöpft, aber glücklich sah ich mein Kind an.

Ein Mädchen! Ich wusste, dass Max sich insgeheim einen Sohn gewünscht hatte. Doch ich war glücklich über meine kleine Tochter und beschloss, sie »Maxie« nach dem Vater zu nennen.

Am übernächsten Tag, als Max frei hatte, besuchte er mich im Lebensbornhaus. Er brachte Blumen und Schokolade mit, ich wusste nicht, woher er diese Kostbarkeiten hatte.

Max beugte sich über das kleine Bettchen, in dem unsere Tochter schlief. »Was für ein hübsches Kind! Sie sieht aus wie du!«, flüsterte er.

»Bist du enttäuscht, weil es ein Mädchen ist?«, fragte ich.

Er sah mich erstaunt an. »Nein, Morild, überhaupt nicht. Außerdem werden wir noch viele Kinder bekommen, wenn erst dieser verdammte Krieg zu Ende ist und wir in Deutschland sind. Und dann ist sicher auch ein Bub dabei!«

Ich seufzte.

Dies war ein Thema zwischen uns, mit dem ich noch nicht ganz einverstanden war. Max wollte mich nach Deutschland bringen, in seine Heimat, sobald wir verheiratet wären.

»Wann wirst du denn entlassen?«, fragte mich Max.

»Wir sollen sechs Monate hierbleiben«, antwortete ich. »Die wertvollen arischen Kinder, die sich euer Hitler wünscht, sollen einen guten Start ins Leben haben«, spöttelte ich.

Max grinste.

»Es geht uns hier wirklich gut«, meinte ich dann pflichtschuldigst. »Wir werden sehr gut verpflegt und die Kinder auch. Übrigens wurde ich tatsächlich gefragt, ob ich das Kind behalten wolle oder eventuell zur Adoption freigeben würde«, entrüstete ich mich.

»Na, du weißt ja, dass es viele Norwegerinnen gibt, die ihr Kind nicht mit nach Hause bringen können oder dürfen. Und auch nicht jeder Vater kümmert sich um seinen Nachwuchs, oder aber er ist versetzt worden und weiß vielleicht nichts von seinem *Glück*. Für diese Frauen ist es vielleicht eine gute Lösung.«

»Nein! Das könnte ich nie! Niemals würde ich mich von Maxie trennen!«

»Musst du auch nicht, Morild! Wir werden bald heiraten, dann hat das Kind meinen Namen, und du wirst Deutsche sein!«

Seine Worte gaben mir einen Stich ins Herz. Ich wusste, mit der Heirat müsste ich meine norwegische Staatsbürgerschaft aufgeben und die des »Feindes« annehmen. Ich wäre dann eine Deutsche!

Ich war die Einzige, die Besuch vom Kindesvater bekam, und ich war sehr stolz darauf, wurde von den anderen beneidet. Auch Schwester Hannelore war von Max begeistert.

»Mit Max hast du wirklich Glück, Morild, er steht zu dir«, meinte sie einmal. »Aber diese Idee, dass du nach Deutschland gehen sollst, und zwar schon bald, die gefällt mir nicht. Der Krieg ist in vollem Gange, in Deutschland ist es nicht so ruhig wie hier. Die Alliierten zerbomben alle Städte. Ich habe gehört, teilweise liegen nur noch Trümmer-haufen herum. Und da willst du hin? Mit dem klei-nen Baby durch ganz Deutschland reisen?«

»Max möchte es so«, meinte ich. »Außerdem – für mich als Deutsche, wenn ich verheiratet bin, ist es in Norwegen auch nicht sehr angenehm. Wo doch alle wissen, dass ich eigentlich Norwegerin bin.«

»Deutschland wird den Krieg gewinnen«, sagte sie überzeugt. »Dann gehört Norwegen zum Groß-deutschen Reich, und du und Max, ihr gehört zur Elite!«

Ich sah sie unsicher an. »Und wenn Deutschland den Krieg verliert?«, fragte ich bang. »Man hört ja so alles Mögliche«.

Sie sah mich streng an. »Wer sagt so etwas!? So et-was darfst du nicht einmal denken! Ich werde auf je-den Fall versuchen, nach dem Krieg in Norwegen zu bleiben und einen Norweger zu heiraten. Es wird Zeit für eine Verbrüderung der arischen Rassen.«

So hatte ich Hannelore noch nie sprechen hören und ich nahm mich von da an in Acht. Sie schien, bei all ihrer Nettigkeit, ein echter Nazi zu sein.

Maxie war nun schon drei Monate alt, und ich spür-te, es wurde Zeit, das Heim zu verlassen. Ich wollte nach Hause in die Grønlandsgeret, auch wenn ich wusste, dass ich dort allein sein würde. Inger war ausgezogen, Vater im Untergrund und meine Mut-ter immer noch im Konzentrationslager *Grini*. Au-ßer gelegentlichen Besuchen von Max und Clare

würde ich ganz allein mit meinem Kind zurecht-
kommen müssen.

Ich bedrängte Max, dafür zu sorgen, dass ich entlassen würde.

»Das wird nicht einfach sein, aber mir wird etwas
einfallen«, vertröstete er mich. »Am besten wäre
vielleicht, ich rufe an und sage, dass unsere Heirats-
papiere endlich beisammen sind und wir heiraten
können!«

So geschah es, und an einem kalten Januartag,
nachdem wir im Heim mit den Kindern ein schönes
Weihnachtsfest gefeiert hatten, wurde ich entlassen.

»Wie wirst du es denn nach Oslo schaffen mit dem
Kind?«, fragte mich Schwester Hannelore besorgt.

»Das geht gut! Am Bahnhof in Oslo wird mich
Max abholen und nach Hause bringen.«

Am Abreisetag brachte mich ein Fahrer zum
Bahnhof. Ich hielt Maxie auf dem Arm, an der Hand
trug ich meinen kleinen Koffer.

Der Zug nach Oslo war brechend voll. Glücklicherweise ergatterte ich einen Sitzplatz, legte mir
das Kind auf den Schoß. Plötzlich heulten Sirenen:
Fliegerangriff der Briten! Der Zug durfte nicht in
Oslo einfahren und blieb auf halber Strecke stehen.
Panik herrschte, man hatte Angst, der Zug könnte
bombardiert werden.

Für mich war am schlimmsten, dass die kleine
Maxie nach einiger Zeit zu brüllen begann und
nicht mehr zu beruhigen war. Ich wusste, dass sie
nach ihrer Milch verlangte, aber zu jener Zeit wäre
es, im Gegensatz zu heute, unmöglich gewesen, ein
Kind in der Öffentlichkeit zu stillen. Nach einiger

Zeit begann auch meine Brust zu schmerzen, und ich fühlte, wie mein Hemd von der überschießenden Milch nass wurde.

Endlich, nach einer gefühlten Ewigkeit, gab es Entwarnung, der Zug fuhr weiter und in Oslo ein.

Am Bahnsteig suchte ich nach Max, er war nicht gekommen! Dabei hatte er mir versprochen, die Wohnung in der Grønlandsgeret zu heizen und mich dann vom Bahnhof abzuholen, nach Hause. Ich war zutiefst enttäuscht und verunsichert, kämpfte mich mit Koffer und Kind durch das winterlich verschneite Oslo zu unserer Wohnung.

Als ich dort ankam und die Tür aufschloss, war ich am Ende meiner Kraft. Als Erstes ließ ich mich, trotz der Kälte in der Wohnung, in einen Sessel fallen, riss mir den Mantel herunter und gab Maxie, die inzwischen vor Erschöpfung eingeschlafen war, die Brust.

Ich war wütend auf Max, der mich im Stich gelassen hatte, und als er nach Stunden in der Wohnung ankam, prasselte ein Schwall von Vorwürfen auf ihn herab.

»Morild, glaubst du denn, ich hätte das mit Absicht getan?«, verteidigte er sich und nahm mich beruhigend in die Arme. »Wegen des Fliegeralarms war totale Ausgangssperre, das kannst du dir doch denken, oder nicht? Ich war so unglücklich und habe mich tausendmal gefragt, wie du es schaffen wirst, allein, ohne Hilfe!«

Ich begann, zu weinen. »Ich weiß nicht, wie das alles gehen soll, ich und das Kind allein hier in der Wohnung! Wo es so kalt ist!«

»Clare wird morgen kommen und dir helfen. Jetzt mache ich erst mal Feuer und koche uns Tee, dann sieht die Welt wieder anders aus.«

Am nächsten Tag, Max war wieder nach Horten abgefahren, klopfte es an der Tür. Ein Nachbar aus dem Haus stand draußen. Er hielt ein elektrisches Heizgerät in der Hand.

»Da! Die Wohnung wird sich nicht so schnell erwärmen.« Er sah mich missbilligend an. »Es ist für das Kind, nicht für dich!«

Das gab mir einen Vorgeschmack auf das, was mich in Zukunft erwarten würde. Aber in diesem Moment war es mir egal, Hauptsache Maxie und ich hatten es warm.

Endlich kam auch Clare. Sie half mir, das Kind zu baden und mit etwas Brei zu füttern, den sie mitgebracht hatte, brachte abgelegte Kleidung von dem kleinen Lasse mit für Maxie.

»Wir norwegischen Mütter bekommen extra Lebensmittelkarten für die kleinen Kinder«, meinte sie spitz. »Ich weiß nicht, wie das bei Deutschen ist. Darum musst du dich selbst kümmern.«

Ich bewältigte die Situation mehr schlecht als recht. Ich war ja noch so jung und unerfahren, bemerkte nun, wie sehr mich meine Mutter verwöhnt hatte. Alles hatte sie für mich getan. Das rächte sich jetzt!

Max kam so oft wie möglich, aber von Horten nach Oslo und zurück war es ein langer Weg, und so blieb ihm wenig Zeit für mich und unsere kleine Tochter.

Ich war zwei Monate zu Hause, als es an die Wohnungstür pochte. Ich erschrak, denn wir hatten unten an der Haustür eine Klingel. Wer konnte das sein? War das die Gestapo? Mir brach der Angstschweiß aus.

Wieder klopfte es, dieses Mal etwas fester. Nein, das konnte nicht die Gestapo sein, beruhigte ich mich. Die würden anders an die Tür donnern!

Ich ging zur Wohnungstür und öffnete sie vorsichtig einen Spalt. Draußen stand meine Mutter!

»Mama«. Ich fiel ihr um den Hals und weinte, auch sie begann zu schluchzen.

»Lass mich erst mal rein«, meinte sie endlich.

Jetzt erst bemerkte ich, wie sie aussah! Sie war abgemagert, gebeugt, ihr Mantel schlotterte an ihr. Als sie ihn hochhob, sah ich ihre dünnen Schuhe, und das bei der Kälte draußen! Ihr früher so schönes Haar hing, von grauen Strähnen durchsetzt, herab! Doch das Erschreckendste waren ihr eingefallenes Gesicht und ihre glanzlosen Augen.

Ich fing erneut an zu weinen. »Wein nicht, Morild! Ich bin wieder da!« Dann sah sie sich suchend um. »Wo ist denn das Kind?«

»Das Kind?«, stotterte ich. »Woher weißt du, dass …«

Sie lächelte. »Frau Olsen von nebenan wurde auch ins KZ eingeliefert, auch ihr Mann kämpft im Widerstand. Sie sagte mir, dass du schwanger wärest, und so konnte ich mir ausrechnen, dass du bereits entbunden hast. Ich war voller Sorgen um dich!«

Ich führte sie ins Schlafzimmer zum Kinderbettchen. »Da ist sie, unsere Maxie!«, sagte ich stolz.

Sie beugte sich über das Bettchen und streichelte zart Maxies kleine Hand. »Was für ein Wunder! In dieser Zeit!« Sie atmete tief durch. »Ja, das Leben muss weitergehen.«

Ich war überglücklich, dass meine Mutter wieder zu Hause war. Wir hatten uns so viel zu erzählen! Doch wenn ich Fragen über ihre Zeit im KZ stellte, schüttelte sie den Kopf und verstummte.

Ich schlief mit meiner Mutter im Schlafzimmer, so schien sie sich wohler zu fühlen. Sie hatte viele Ängste und konnte schlecht schlafen, geisterte nachts in der Wohnung herum. Wenn Maxie im Schlaf schrie oder aufwachte, hörte ich, wie meine Mutter aufstand, das Kind aus dem Bettchen nahm und beruhigte, ihm etwas vorsummte.

»Mama, im Heim sagten sie, man dürfe das Kind nachts nicht aus dem Bettchen nehmen! Die Kinder müssten Disziplin lernen!«

Sie sah mich traurig lächelnd an: »Jaja, die Deutschen – Disziplin haben sie! Davon habe ich genug mitbekommen. Aber was Kinder brauchen, ist Liebe!«

Maxie, das Kind der großen Liebe

Wir heiraten!

Am 5. Mai 1943 war es so weit! Max und ich heirateten endlich.

Wir gingen zum Standesamt im *Storting*, dem früheren norwegischen Regierungsgebäude. Auch das hatten die Deutschen beschlagnahmt.

Meine Mutter hatte mir aus einem zart lilafarbenen Vorhangstoff ein wunderschönes Kleid genäht, und eine der wenigen Freundinnen, die mir geblieben waren, fertigte einen gewagten Hut für mich an. Sie war Putzmacherin. Max brachte einen traumhaften Strauß von zartfarbenen Wicken, meine Lieblingsblumen!

Ich war eine schöne Braut, und auch Max sah in seiner Uniform sehr gut aus.

Kapitänleutnant Schnöckel hatte es sich nicht nehmen lassen, mich als mein Trauzeuge zu begleiten. Das war mir etwas peinlich, denn ich hatte bereits eine Cousine darum gebeten, und sie hatte eingewilligt. Doch Max meinte, es wäre eine große Ehre, das könne ich nicht ausschlagen.

Von meiner Familie begleitete mich niemand.

Als ich von zu Hause wegging, umarmte mich meine Mutter und meinte schluchzend: »Wenn du zurückkommst, bist du eine Deutsche!«

So waren damals die Gesetze der Deutschen in Norwegen. Norwegerinnen, die Deutsche heirateten, wurden automatisch mit der Heirat deutsche Staatsbürgerinnen.

Die Trauung wurde von einem deutschen und einem norwegischen Standesbeamten vollzogen, so war es Vorschrift. Zum ersten Mal setzte ich meinen neuen Namen »Nirschl« unter ein Dokument.

Max küsste mich, und alle gratulierten, der norwegische Beamte gab mir nur widerstrebend die Hand, sagte nichts. Doch das machte mir nichts aus, heute wollte ich glücklich sein!

Als Hochzeitsgeschenk bekamen wir das Buch von Adolf Hitler. »Mein Kampf«. Es sagte mir nichts, lesen konnte ich es ohnehin nicht.

»Nun werden Sie bald nach Deutschland, ins Reich, übersiedeln«, meinte der deutsche Standesbeamte.

Ich zuckte mit den Schultern, aber Max gab mir heimlich einen Puff.

»Ja, das wird alles geregelt«, meinte er leichthin.

»Ich hoffe es«, meinte der Beamte streng. »Sie wissen ja, dass alle deutschen Ehefrauen zwei Monate nach der Heirat nach Deutschland ausreisen müssen!«

Ich sah Max erstaunt an, aber da schaltete sich gottlob Kapitänleutnant Schnöckel ein. »Wo sind denn Ihre Eltern an Ihrem Ehrentag, Morild?«, fragte er mich und führte mich aus dem Standesamt.

Ich lief vor Verlegenheit rot an. »Meine Mutter bereitet eine kleine Feier vor, und mein Vater«, ich fing an zu stottern, »mein Vater ist krank.«

»Oh, das tut mir leid! Da wünschen wir gute Besserung.«

Ich als glückliche Braut

Ich atmete auf. Dabei hatte ich nicht einmal gelogen. Mein Vater lag zu dieser Zeit tatsächlich, natürlich unter falschem Namen, in einem Osloer Krankenhaus.

Als Max und ich nach Hause kamen, erwartete mich meine Mutter mit einigen wenigen Gästen: Meine Schwestern Clare und Inger und Åse, meine Freundin, waren darunter.

Sie hatte im Wohnzimmer den Kaffeetisch gedeckt, sogar mit »echtem« Kaffee, denn es gab längst nur noch Kaffeeersatz. Es war ein kleines Wunder, dass sie das geschafft hatte. Dazu hatte sie einen Kuchen gebacken. Ich wusste nicht, woher sie die Zutaten hatte, denn alle Lebensmittel waren rationiert. Vermutlich hatte sie diese lange angespart.

Die Stimmung war eher angespannt als ausgelassen, aber ich war glücklich! Endlich waren Max, die kleine Maxie und ich eine Familie.

Als ich einmal kurz aufstand und aus dem Fenster sah, bemerkte ich voll Schrecken, wie ein Militärfahrzeug vor unserem Haus vorfuhr. Daraus stiegen »Kaleu« Schnöckel und die zwei Kameraden von Max, die bei der Trauung mit dabei gewesen waren. Einer der Matrosen trug eine riesige Hochzeitstorte.

»Oje! Die Deutschen kommen!«, rief ich erschrocken aus. »Kaleu Schnöckel und ein paar andere, mit einer Torte!«

Wie auf Kommando standen alle meine Gäste auf und verschanzten sich in der Küche.

Max hieß die neuen Gäste willkommen.

Endlich verheiratet!

»Wir dachten, eine schöne Torte gehört zu einer Feier.« Der »Kaleu« überreichte mir mit einer Verbeugung den Kuchen.

Ich wurde feuerrot vor Verlegenheit und stellte die Torte auf die Kaffeetafel. Natürlich bemerkten die Gäste am benutzten Geschirr, dass sie eine Feier gesprengt hatten, doch sie sagten nichts.

Schnell ging ich in die Küche, um neue Gedecke zu holen. Da saßen die »Norweger« eng gedrängt in der Küche.

»Ihr könnt rauskommen, die tun euch nichts!«, meinte ich, doch sie schüttelten vehement die Köpfe.

Nur meine Mutter stand auf, kam mit mir ins Wohnzimmer und setzte sich zu den Deutschen, zu denen auch ich jetzt gehörte.

Die Arme verstand kein Wort, aber sie hielt sich tapfer, aus Liebe zu mir.

Im Januar des Jahres 1943 hatte die bisher erfolgreiche Kriegsführung der Deutschen mit der schrecklichen Niederlage bei Stalingrad eine dramatische Wendung genommen. Die deutsche Wehrmacht erlitt nun an allen Fronten Niederlagen, die alliierten Streitkräfte gewannen mehr und mehr die Oberhand. Das große Bombardement deutscher Städte begann zuerst im Ruhrgebiet, dann wurden weitere Städte in Deutschland zerstört.

Die Russen waren auf dem Vormarsch, und die Norweger befürchteten, sie könnten über Finnland Norwegen erreichen. Das wäre für ihr Land eine gefährliche neue Situation, und man befürchtete Kampfhandlungen zwischen Deutschen und Russen auf norwegischem Boden.

Das befürchteten auch die Deutschen. Deshalb planten sie, die Finnmark, den nordöstlichsten Teil Norwegens, der an Finnland grenzte, zu evakuieren. Alle Bewohner der Finnmark sollten ihre Häuser und ihre Heimat verlassen, anschließend alle Häuser und Hütten abgebrannt werden. Der Russe sollte nichts mehr vorfinden als »verbrannte Erde«.

Auch Max war deswegen voller Sorge. Er wusste, dass Maxie und ich, als Deutsche, großer Gefahr ausgesetzt wären, wenn die Russen Norwegen erobern würden. Womöglich würden wir nach Sibirien verschleppt, wenn nicht gar getötet werden.

Schon früher hatte er gemeint, es wäre besser, ich würde nach Deutschland, in seine Heimat in Bayern, ziehen. Doch bisher hatte ich mich geweigert, wollte meine Mutter nicht verlassen, obwohl ich inzwischen mehr und mehr den Anfeindungen von Norwegern ausgesetzt war, auch Freunde und Freundinnen hatten sich von mir abgewandt, von mir, der »Tyskertøs«.

Den Ausschlag für meinen Sinneswandel gab wohl der Tag, an dem meine Mutter aufgelöst von einem Spaziergang mit Maxie im Kinderwagen nach Hause kam.

»Was ist los, Mama?«, fragte ich besorgt.

Sie weinte leise, wollte aber nichts sagen.

»Sag mir, was passiert ist!«, beharrte ich.

»Ach, es ist nichts«, schluchzte sie und hob die kleine Maxie aus dem Wagen.

»Ich weiß, was ist«, brach es wütend aus mir heraus. »Es ist wie Spießrutenlaufen, nicht wahr?«

Sie nickte. »Es sind nicht alle so«, versuchte sie, mich zu beruhigen. »Aber ich mache mir Sorgen um dich und Maxie. Wie soll das werden, wenn die Deutschen den Krieg verlieren?«

»Ich weiß, dann habe ich kein schönes Leben hier, und erst recht nicht, wenn die Russen kommen.«

»Ach, Morild! Diese Sorgen um dich und Maxie, und dazu dein Vater im Widerstand! Ich weiß nicht, wie ich das überstehen soll!« Sie war auf das Sofa gesunken.

Ich setzte mich zu ihr, legte den Arm um sie, um sie zu beruhigen. »Ich weiß, wie schwer das ist, und ich weiß, dass ich daran schuld bin. Aber ich liebe Max nun einmal so sehr!«

Sie tätschelte mir den Arm. »Papa meint, wenn du nach Deutschland gehen solltest, solle ich mit Inger nach Schweden flüchten, da er mich nicht beschützen kann. Aber du weißt ja, dass Inger schwanger ist, da ist es nicht so einfach. Erling meint, wir sollten besser hierbleiben!«

Inger war inzwischen mit Erling verheiratet und schwanger, sie lebten eine gute Stunde von Oslo entfernt in einer kleinen Wohnung. Inger konnte, bei den jetzigen Verhältnissen, nicht oft nach Oslo zu Mutter kommen.

»Willst du denn, dass ich nach Deutschland gehe?«, fragte ich sie bekümmert.

»Nein! Keine Mutter will, dass ihr Kind sie verlässt, und schon gar nicht in dieser schrecklichen Zeit. Aber wenn es für dich und Maxie besser wäre?« Sie begann zu weinen. »Man weiß nicht, wie es in Norwegen sein wird nach dem Krieg, wenn die Deutschen weg sind. Du siehst ja, wie die Norweger jetzt schon böse auf die Tyskertøser und Tyskerbarna sind.«

»Aber wenn die Deutschen den Krieg gewinnen? Dann würde es ganz anders sein! Dann gehören wir zum Großdeutschen Reich!«

»Morild, sprich nicht wie eine Deutsche!«, entrüstete sie sich. »Glaubst du, die Norweger würden das so ohne Weiteres hinnehmen, nach allem, was sie hier anrichten? Und dein Vater! Glaubst du, er würde das akzeptieren? Nein, mit den Deutschen wollen wir hier nicht leben, das ist nicht unser Norwegen!«

Die Worte meiner Mutter trafen mich hart, denn ich war jetzt Deutsche!

In dieser Nacht machte ich kein Auge zu. Was sollte ich tun? Egal wie der Krieg ausgehen würde, für mich würde es schwierig werden.

Sollte ich meine Heimat verlassen? Eine Heimat, die mich nach meinem »Verrat« nicht mehr wollte? Sollte ich in das mir völlig fremde Deutschland ziehen, dessen Sprache ich kaum beherrschte? Mitten im Krieg? Mit einem kleinen Kind durch das zerbombte Deutschland bis ganz in den Süden?

Am nächsten Tag besuchte ich meinen Vater, der in Oslo im Krankenhaus lag. Clare hatte mir den Decknamen gesagt, unter dem er eingewiesen worden war.

Ich hatte die kleine Maxie mitgenommen, wollte meinem Vater sein Enkelkind zeigen.

Er lag in einem Mehrbettzimmer. Wir konnten nicht viel miteinander sprechen, auf keinen Fall über jene Dinge, die mir auf der Seele brannten.

Mein Vater sah elend aus, ein Schatten seiner selbst. Wie ich von Clare wusste, hatte er eine Lungenentzündung, doch mit Schrecken sah ich, dass er auch einen Verband um den Kopf trug. Aber ich konnte nicht danach fragen, zu viele Ohren würden mithören.

»Papa, das ist Maxie, meine Tochter!« Ich hielt ihm das Kind hin, und er nahm das kleine Händchen, lächelte müde.

»Wie geht es dir, Papa? Wann wirst du wieder gesund?«

Er sah mich ruhig an. »Wie denkst du, dass es mir geht? Ich mache mir große Sorgen um Mama. Wenn sie noch einmal ins KZ käme, würde sie das nicht überstehen. Wie so viele nicht«, fügte er hinzu. »Und ich kann ihr nicht helfen. Das bringt mich um!«

Ich senkte den Kopf. Was sollte ich sagen?

»Ich habe gehört, dein Mann möchte«, das Wort »Mann« kam ihm schwer über die Lippen, »dass ihr, du und das Kind, nach Deutschland gehen sollt. Was wirst du machen, Morild, jetzt, wo du Deutsche bist?«

»Ich weiß es nicht, Papa!« Ich sah bekümmert vor mich hin.

»Du musst es entscheiden, Morild, du hast Verantwortung für dein Kind. Daran musst du jetzt zuerst denken!«

Er gab mir die Hand zum Abschied. »Leb wohl, Morild! Mach das, was du für richtig hältst!«

Er wandte das Gesicht zum Fenster, wischte sich verstohlen über die Augen.

Es war das letzte Mal, dass ich meinen Vater sehen sollte, bevor ich nach Deutschland auswanderte.

Abschied von Norwegen

Im Juli war es so weit. Ich würde meine Heimat Norwegen verlassen.

»Es wird alles gut, Morild«, beteuerte Max, als er sah, wie aufgeregt und besorgt ich war. »Ich habe Heimaturlaub bekommen, drei Wochen! Meine Kameraden und ich werden in einem Zug von Oslo nach Trelleborg im Süden Schwedens aufbrechen, von dort setzen wir mit einer Fähre nach Deutschland über und fahren weiter nach Berlin. Du kommst mit demselben Zug zwei Tage später nach. In Berlin erwarte ich dich. Mach dir keine Sorgen, es wird alles gut organisiert sein!«

Ich seufzte. »Glaubst du wirklich? Ich werde mit Maxie ganz allein sein!«

»Nein, du bist nicht allein! Es werden mehrere Norwegerinnen, genauso wie du, nach Deutschland fahren. Außerdem, der Zug ist recht komfortabel, da gibt es sogar ein Abteil mit Toilette und Wickeltisch. Der Zug fährt auf die Fähre, du musst nicht einmal umsteigen. Wenn du in Deutschland bist, erwarten dich Jungen und Mädchen von der Hitlerjugend, die sich um euch kümmern für die Weiterfahrt nach Berlin. Dort treffen wir uns, und dann ist alles gut!«

Wieder seufzte ich.

»Ich habe Julie in Bruckmühl geschrieben, dass wir am Freitagabend ankommen. Sie freut sich auf dich und Maxie. Bei ihr kannst du vorerst bleiben. Ich muss zurück nach Norwegen, das weißt du!«

Ich nickte. Ich wusste, dass er nach seinem Urlaub nach Narvik versetzt werden würde. Kapitänleutnant Schnöckel konnte ihn nicht länger verschonen. Nur mir zuliebe hatte er Max bisher in Horten belassen.

An einem Montagmorgen ging ich mit Maxie zum Bahnhof in Oslo, um Max zu verabschieden. Ich konnte ihn unter den vielen Soldaten, die alle auf Heimaturlaub unterwegs waren, kaum finden.

Endlich hörte ich ihn rufen: »Morild! Morild! Hier bin ich!« Ich lief zu ihm, wir umarmten uns. »Mach dir keine Sorgen, Morild. Wir sehen uns in drei Tagen in Berlin!«

Der Schaffner trillerte auf seiner Pfeife, Max schwang sich auf das Trittbrett des Zuges, beugte sich zu einem letzten Kuss zu mir herab, dann setzte sich der Zug in Bewegung. Ein letztes Winken, ich blieb allein, wie verloren, mit Maxie auf dem Bahnsteig zurück.

Zu Hause liefen bereits die Vorbereitungen für meine Abreise.

Ich packte drei große Holzkisten voll mit meinen Kleidern, Schuhen, Hüten, Taschen, denn ich war sehr modebewusst und wollte auf keinen Fall auf meine hübschen Sachen verzichten.

In eine andere Kiste packte ich meine elektrische Nähmaschine, mein schönes neues Fahrrad, meine Skier und Skier für Maxie, die ihr eine Cousine geschenkt hatte. Alles wurde in einen Güterwagen mit der Adresse in Bruckmühl in Bayern verladen, die mir Max angegeben hatte.

»Wirst du das alles wirklich brauchen, Morild?«, fragte meine Mutter besorgt. »Und wird es auch ankommen? Ich habe gehört, dass es in Deutschland sehr schlimm ist, dass vieles zerbombt ist und oft keine Züge fahren«.

»Natürlich brauche ich das alles, ich will schließlich im reichen Deutschland nicht wie eine arme Kirchenmaus ankommen! Es wird alles gut, Mama! Und wenn der Krieg vorbei ist, komme ich mit Max und Maxie zu Besuch.«

»Ach, Morild! Wenn ich das nur glauben könnte!

Meine Mutter sorgte sich und fragte immer wieder, wie ich diese lange Reise mit einem kleinen Kind von neun Monaten bewältigen würde.

»Ich weiß es auch nicht, Mama«, gab ich zurück. »Max sagt, es wird alles gut werden.«

Sie sah mich zweifelnd an. »Männer!«, meinte sie missbilligend. »Die haben doch keine Ahnung von Kindern.«

»Für mich selbst packe ich ins Handgepäck nicht viel ein, es ist ja Sommer, da brauche ich wenig«, meinte ich. »Für Maxie nehme ich Windeln und ein paar Fläschchen mit Milch und vielleicht Kekse mit. Sie hat schon Zähnchen und kann knabbern.«

Ich ahnte nicht, wie beschwerlich die Reise werden würde. Damals war ich jung und naiv und machte mir nicht so viele Gedanken wie meine Mutter.

Am frühen Mittwochmorgen brachten mich meine Mutter, meine Schwestern und Åse zum Zug. Beim Abschied, als die Tränen flossen, wurde mir doch etwas mulmig zumute, aber die Würfel waren gefallen.

»Ich fürchte, das wird eine Reise in die Armut werden«, schluchzte meine Mutter, denn man hatte schlimme Nachrichten über den jetzigen Zustand Deutschlands gehört.

Ich schüttelte den Kopf. »Max sagt, es ist gut dort in Bayern!«

Als ich meinen Koffer, die Tasche, mich und Maxie im Zug verstaut hatte und dieser sich in Bewegung setzte, packte mich sogar etwas wie Abenteuerlust. Ich war noch nie aus Norwegen weg gewesen, jetzt sollte eine aufregende Fahrt ins Ausland, in meine neue Heimat Deutschland, beginnen.

Im Abteil saßen noch sieben weitere junge Norwegerinnen, die dasselbe Ziel hatten wie ich – Berlin.

Drei von ihnen hatten auch Babys dabei, die anderen waren schwanger, eine sogar mit einem schon sehr unförmigen Leib.

»Hoffentlich entbindest du nicht hier im Zug«, beschworen wir sie, doch sie meinte: »Nein, ich hoffe, ich schaffe es bis Berlin, dort gibt es ein Lebensbornheim zur Entbindung.«

Wir nickten, wir alle hatten in einem Lebensbornheim entbunden, und es war uns gut dort ergangen.

Eines der Mädchen schien nicht ganz klar im Kopf zu sein, zumindest war sie recht einfältig. Auch sie war schwanger.

»Wo kommst du denn her?«

»Ich bin aus der Finnmark!«, meinte sie.

»Von so weit her?«, staunten wir, denn wir anderen waren alle aus Südnorwegen.

»Und dein Freund oder dein Verlobter, wo lebt der in Deutschland?« Wir alle hatten einen Freund oder Verlobten aus Deutschland, der in Berlin auf uns wartete. Ich war die Einzige, die bereits verheiratet war, und wurde von den anderen beneidet.

»Das weiß ich nicht!«

»Aber das musst du doch wissen!«, protestierten wir anderen.

»Ich weiß nicht, wer der Vater ist«, meinte sie. »Da waren so viele, ich habe alle lieb gehabt. Aber es waren alles Deutsche!«, versicherte sie stolz.

Wir sahen uns verstohlen an, verdrehten die Augen. Es gab sie also wirklich, die »Soldatenmatratzen«, wie die leichten Mädchen genannt wurden, die sich mehrfach mit Deutschen einließen.

Im Zug ging es recht komfortabel zu. In den anderen Abteilen saßen Soldaten auf dem Weg in den Urlaub, sie behandelten uns mit Respekt, sofern wir uns begegneten.

Es gab tatsächlich ein Abteil zum Wickeln für die Kinder. Die stark verschmutzten Windeln warfen wir in einen Behälter, die nur nassen Windeln ließen wir aus dem Fenster im Fahrtwind trocknen. Wir halfen uns gegenseitig.

Endlich, nach Stunden, waren wir in Trelleborg in Schweden angekommen, an der Grenze hatte es keinerlei Probleme gegeben. Wir beobachteten interessiert, wie der Zug auf die Fähre der »Königs-linie« verladen wurde, die uns in wenigen Stunden an die deutsche Küste bringen würde.

Inzwischen waren wir alle genervt und erschöpft. Dauernd schrie irgendein Kind, und auch die Nahrung, die wir dabeihatten, ging dem Ende zu. Doch bald wären wir in Deutschland, und alles würde besser werden. Dort würden wir von einer Hilfsorganisation empfangen und in den Zug nach Berlin gebracht werden. Dann sähe ich Max endlich wieder!

Als wir nach der Überfahrt mit Gepäck und Kindern von der Fähre gingen, hörte ich jemanden »Morild, Morild!« rufen. Ich sah mich erstaunt um.

Da sah ich Max am Kai stehen und auf mich warten! Nie hatte ich ihn so geliebt wie in diesem Moment!

Wir fielen uns in die Arme, und Freudentränen liefen mir über das Gesicht, die Max liebevoll wegküsste.

»Wie kommst du hierher?«, fragte ich stammelnd.

Er strahlte über das ganze Gesicht. »So wie du, mit dem Zug, gestern schon! Dann habe ich erfahren, wann der Zug mit den Norwegerinnen ankommt, und habe beschlossen, nicht mit den anderen nach Berlin zu fahren, sondern hier auf dich zu warten. Hoffentlich bekomme ich keinen Rüffel deswegen, denn wir müssen uns alle in Berlin melden. Aber es ist mir egal! Ich wollte dich unbedingt hier treffen, ich hatte solche Sehnsucht nach dir!«

Ich sah ihn glücklich an, unter Tränen.

»Komm, gib mir das Kind. Wir müssen den anderen nach zum Zug nach Berlin!«

Am späten Nachmittag kamen wir in Berlin an. Auf dem Bahnhof herrschte das reinste Chaos, Unmengen von Menschen, ein schrecklicher Tumult! Max, den Koffer tragend und das Kind auf dem Arm, kämpfte uns einen Weg frei zu einem Informationsschalter. Ich ging mit der Reisetasche hinterher und war wie erlöst, dass ich diesen Weg nicht allein bewältigen musste.

Am Schalter standen eine Menge junger Burschen und Mädchen, die uns in Empfang nahmen. Die Männer nahmen uns das Gepäck ab, und eines der Mädchen wollte Maxie an sich nehmen, aber ich ließ sie nicht los. In diesem Durcheinander wollte ich mich keinesfalls von ihr trennen.

Mit einem Bus wurden wir zu einem großen grauen Haus gebracht, einer Art Jugendherberge, in der wir registriert wurden.

»Ihr seid verheiratet?«, fragte uns eine der Frauen bei der Registration. Wir nickten.

Sie tuschelte mit einer anderen, dann meinte sie: »Ich bringe euch in eine kleine Pension, hier gibt es nur Mehrbettzimmer und Matratzenlager, wir sind völlig überfüllt mit Flüchtlingen aus dem Osten. Katastrophale Zustände sind das hier! Ein Fahrer wird euch hinbringen. Ich hole euch morgen früh ab, bringe euch zur U-Bahn zum Hauptbahnhof. Ab da müsst ihr selbst sehen, wie ihr weiterkommt. Wo wollt ihr denn hin?«

»Nach München«, sagte Max.

»Oje! Da habt ihr eine lange Fahrt vor euch, durch ganz Deutschland! Na, dann viel Spaß!«, meinte sie sarkastisch.

Ich verstand von all dem, was sie sagte, nur bruch-
stückweise etwas, mein Deutsch war noch sehr
dürftig.

Endlich waren wir im Zimmer der kleinen Pension. Ich war so erschöpft, dass ich sofort einschlief,
in Max' Armen. Mitten in der Nacht schreckte ich
von den Sirenen des Fliegeralarms hoch.

»Schnell, schnell, in den Keller!« schrie Max und
nahm die brüllende Maxie aus dem Bett.

Unten im Keller saßen die Pensionsgäste schon
eng gedrängt. »Oh mein Gott! Fliegeralarm«, weinte ich.

»Wir haben täglich Fliegeralarm!«, klärte mich eine
Frau auf und schüttelte verständnislos den Kopf. »Wo
kommen Sie denn her?«

Endlich war Entwarnung, und wir kehrten in unser Zimmer zurück. Maxie fing wieder an zu brüllen.

»Sie hat Hunger«, sagte ich, »aber ich habe nichts
mehr zu trinken für sie.«

»Ich kümmere mich drum.« Max stand auf und
ging hinunter in die Küche der Pension, kam bald
darauf mit einer Kanne mit Milch zurück. Ich füllte
sie in eines der leeren Fläschchen und gab Maxie zu
trinken. Bald schlief sie ein, und Max und ich hatten
endlich Zeit für uns, ganz ungestört.

Ich war trotz aller Strapazen glücklich, bei ihm
zu sein.

Am nächsten Morgen kam die BDM-Führerin vom
vergangenen Tag und brachte uns zur U-Bahn-Sta-
tion.

»Am Hauptbahnhof müsst ihr aussteigen und dann – gute Fahrt«, meinte sie knapp.

Am Bahnhof das gleiche Chaos wie am Vortag. Alles rannte durcheinander, die Menschen waren bepackt mit Koffern, Taschen und Rucksäcken, Frauen mit heulenden Kindern an der Hand, der reinste Horror!

Max setzte mich und Maxie auf eine Bank. »Ich schau nach dem Zug nach München. Bleib hier sitzen und geh nicht weg«, warnte er mich. »Sonst finde ich euch nicht mehr in diesem Chaos!«

Endlich kam er wieder. »Ich habe einen Zug gefunden, er fährt nicht durch bis München, wir müssen umsteigen, aber es ist auf jeden Fall besser, als hier im Bahnhof in Berlin zu bleiben. Da sind wir nicht sicher!«

Er führte mich zu einem Zug, ich wusste nicht, wohin der fuhr, musste Max blindlings vertrauen, fühlte mich völlig hilflos.

Der Zug war brechend voll, wir saßen auf dem Gang auf unseren Koffern, das Kind zwischen uns. Jedes Mal, wenn der Zug anhielt, stiegen neue Passagiere hinzu, manche zwängten sich sogar mit ihrem schweren Gepäck durch die offenen Fenster herein. Es schien, als wollten sie alle Berlin wie in Panik verlassen.

Es herrschte ein unbeschreiblicher Tumult, Hitze und Gestank im Waggon. Ich fing an zu heulen. Das also sollte das schöne Deutschland sein.

Auch Max war genervt. »Nun heul nicht, Morild, wenn wir erst umgestiegen sind, wird es sicher besser.«

Ich weiß heute nicht mehr, in welcher Stadt wir ausstiegen, doch ich weiß noch, dass wir im Gedränge dieses Bahnhofs Stunden auf den Zug nach München warten mussten.

Auch dieser war voll, doch nicht so überbesetzt wie der vorige. Immerhin bekamen wir einen Sitzplatz, und ich konnte aus dem Fenster schauen.

Max und Maxie schliefen ein, doch ich war zu neugierig und aufgeregt, um schlafen zu können. Ich wollte endlich Deutschland, meine neue Heimat, sehen.

Wiesen, Felder und Berge rasten an mir vorbei, dazwischen kleine Städtchen und Dörfer, Kirchen und Burgen. Alles sah schön und ordentlich aus.

Nur in den größeren Städten sah man zerbombte Häuser, doch das große Bombardement, das Deutschland weitgehend zerstörte, würde erst später, 1944, beginnen.

Drei Mal heulten Sirenen eines Fliegeralarms, und der Zug musste in einem Bahnhof oder auf freiem Feld stehen bleiben. Das ängstigte mich sehr, und ich war heilfroh, wenn der Zug weiterfuhr, unserem Ziel entgegen.

Erst am Abend kamen wir in München an. Max studierte die Abfahrtstafel.

»Puh, heute geht kein Zug mehr nach Bruckmühl! Ich schau mal, ob Tante Vera heute Dienst hat. Sie ist Julies Schwester und arbeitet hier an der Information. Sie kann uns vielleicht helfen. Bleib hier sitzen, ich komme gleich zurück.«

Wieder wartete ich mit Maxie eine gefühlte Ewigkeit, bis Max endlich mit einer Frau zurückkam.

»Das ist Tante Vera! Gottlob hat sie heute Dienst.«

Die Frau schüttelte mir die Hand, wollte Maxie aufnehmen, aber wieder ließ ich es nicht zu. Auf keinen Fall würde ich mich von Maxie trennen!

»Tante Vera bringt uns zu einem Wartesaal, in dem es nicht so voll ist. Dort können wir übernachten. Morgen früh geht ein Zug nach Bruckmühl.«

Tante Vera sagte etwas zu ihm, doch Max schüttelte den Kopf, ich sah ihn fragend an.

»Tante Vera meint, wir könnten auch bei ihr in der Wohnung übernachten, aber es ist etwas außerhalb Münchens, in einem Vorort. Ich denke, wir bleiben besser hier. Jetzt haben wir schon so viel geschafft, und ich möchte unbedingt morgen früh den Zug erreichen. Was meinst du?«

Ich nickte. Alles, nur nicht nochmals heute in einen Zug steigen!

Der Wartesaal war nicht allzu voll. Vor allem waren geräumige, einigermaßen saubere Toiletten dabei, und sogar ein Wickeltisch. Endlich konnte ich meine kleine Tochter wickeln und waschen, und auch Max und ich konnten uns frisch machen. Max besorgte Milch und für uns beide etwas zu essen, und wir machten es uns in einer Ecke des Wartesaales so gemütlich wie möglich.

Wir waren unserem Ziel nahe.

Am frühen Morgen zogen wir los zum Bummelzug, der nach Rosenheim fuhr und in Bruckmühl Station machte.

Max war glücklich und aufgeregt.

»Nur noch eine knappe Stunde, dann sind wir daheim!«

Daheim! Was für ein Daheim würde das sein, fragte ich mich bang.

»Die Julie wartet bestimmt schon auf uns, sie hat gedacht, wir würden gestern Abend kommen«, freute sich Max. »Endlich wieder daheim, wenn auch nur für drei Wochen!«

Der kleine Zug mit der Dampflokomotive quietschte und rumpelte, als wir aus München abfuhren. Es war ein strahlend schöner Hochsommertag.

»Schau, da draußen! Siehst du die Berge?«

Ich nickte.

»Ich weiß nicht, was ich zu Julie sagen soll«, sagte ich zu Max.

»Am besten du sagst einfach ›Grüß Gott‹ zu ihr. So begrüßen wir uns in Bayern.«

»Grüß Gott, grüß Gott, grüß Gott«, murmelte ich immer wieder vor mich hin.

Die ländliche Gegend, die an mir vorbeiflog, gefiel mir.

Bauern arbeiteten mit Ochsengespannen auf den Feldern, Frauen und Mädchen halfen mit. An jeder kleinen Ortschaft hielt der Zug. Menschen stiegen ein und aus, ohne die schreckliche Hektik wie bisher auf der Reise durch Deutschland. Jeder grüßte jeden.

Die Leute waren teils etwas absonderlich angezogen, viele Männer hatten kurze lederne, bestickte Hosen an, mit breiten Hosenträgern, dazu einen meist grünen Hut, oft mit einer Feder geschmückt. Die Frauen trugen lange Kleider, kariert, mit langen Schürzen. Eine andere Welt!

Es sah alles so schön und friedlich aus, und das mitten im Krieg!

Endlich stand Max auf. »Die nächste Station ist Bruckmühl!«

Der Zug fuhr in einen kleinen Bahnhof ein, quietschte und ruckelte beim Bremsen. Wir stiegen aus, Max sah sich um.

Da rannte ein junger Bursche auf ihn zu. »Max! Max! Da bin ich!«

»Hansl!« Max lachte und schüttelte einem Jungen, der mit einem Leiterwägelchen am Gleis stand, die Hand.

»Morild, schau, das ist der Hansl, der Jüngste von der Julie!«

Der Hansl mochte so an die vierzehn Jahre alt sein, ein netter, schüchterner Bub.

»Grüß dich!« Er gab mir die Hand und grinste verlegen. Dann packte er unseren Koffer und die Tasche und wollte auch Maxie in das Wägelchen setzen, doch ich hielt sie fest.

»Zu Julies Haus ist es nicht weit«, munterte mich Max auf.

Dieses Bruckmühl schien ein hübscher Ort zu sein, vorerst sah ich nur den Kirchturm und einige Häuser. Zusammen gingen wir eine geschotterte Straße entlang, überquerten eine Brücke, die über einen Kanal führte, und bogen von dort in eine Straße ein.

»Da, schau, Morild! Da ist sie schon, die Julie!« Er zeigte auf ein zweistöckiges Haus. Vor der Haustür stand eine Frau, sie mochte so alt wie meine Mutter sein. Sie trug ein schlichtes blaues Kleid und eine Schürze.

Mit offenen Armen kam sie auf uns zu, umarmte erst den Max, dann sah sie mich an und drückte mich an sich.

»Dass ihr nur endlich da seid! Der Hansl ist schon gestern Abend zum Bahnhof, aber ihr seid nicht im Zug gewesen!«

»Wir sind erst spät aus Berlin in München angekommen, da war der letzte Zug nach Bruckmühl schon weg«, erklärte Max.

»Und das ist also euer kleines Dirndl, die Maxie!« Sie strahlte unser Kind an und, ich staunte, Maxie streckte die Ärmchen aus, ließ sich von der Julie tragen, und endlich konnte ich sie loslassen.

Julie führte uns ins Haus, der Hansl mit dem Gepäck hinterher. Wir kamen in eine große einfach, aber gemütlich eingerichtete Wohnküche.

»Jetzt setzt euch erst mal her, ihr habt sicher Hunger und Durst. Und du, Morild, magst du einen Kaffee?«

Mein Deutsch war nicht gut, aber das Wort »Kaffee« verstand ich, und es war echter Bohnenkaffee! Den hatte ich seit meiner Hochzeit nicht mehr getrunken.

Die Julie tischte Brot, Butter, Wurst und Käse auf. Alle redeten durcheinander, hatten sich viel zu erzählen. Ich saß still daneben, verstand bis auf wenige Worte nichts!

Die Julie schaute mich immer wieder aufmunternd an, drückte gelegentlich meine Hand. Ich fand sie nett und sympathisch. Sie erfüllte den ganzen Raum mit ihrer Ausstrahlung und mütterlichen Fürsorge.

»Jetzt zeige ich euch euer Zimmer, ihr seid sicher müde von der langen Reise. Ich habe euch das Zimmer hergerichtet, in dem du mit dem Christian geschlafen hast, Max.«

Wir gingen hinauf in den zweiten Stock. An einer der Zimmertüren hatte Julie eine Girlande aus Zweigen und Blumen und ein Willkommensschild angebracht, auf dem »Max und Morild« stand. Das rührte mich zu Tränen.

»Du sollst wissen, dass du bei uns willkommen bist«, meinte sie, und ich verstand sofort, was sie sagen wollte.

Das Zimmer war klein. Zwei Betten, frisch bezogen, standen drin, ein Tisch und Stuhl vor dem Fenster, dazu ein einfacher Kleiderschrank. Am Fußende der Betten hatte Julie ein Gitterbettchen aufgestellt.

»Das hab ich ausgeliehen, wir haben nichts mehr für kleine Kinder im Haus. Meine Buben sind alle groß.« Sie legte fürsorglich den Arm um mich. »Wir werden es schon irgendwie schaffen, gell, Morild? Aber jetzt lass ich euch allein, ihr braucht sicherlich Ruhe nach all der Aufregung.«

Als sie die Tür hinter sich geschlossen hatte, legte ich die kleine Maxie in das Bettchen, sie sah mit großen Augen um sich. Dann ließ ich mich auf das Bett sinken, und Max legte sich zu mir.

Das hier war also mein neues Zuhause, meine neue Heimat. Noch war Max bei mir, aber wie sollte es werden, wenn er in zwei Wochen zurück nach Norwegen musste, mich und Maxie allein hier zurückließ?

Ich kämpfte mit den Tränen, doch ich musste stark sein, wollte Max nicht enttäuschen, der so glücklich war, zu Hause zu sein.

»Es wird alles gut, Morild«, flüsterte Max an meinem Ohr. »Es wird alles gut, glaub mir!«

Julie

Max' Heimaturlaub und unsere Flitterwochen waren zu Ende. Wir hatten eine schöne Zeit miteinander verbracht, wenn auch die dunklen Wolken des baldigen Abschieds dräuend über uns hingen.

Max hatte mir die Umgebung Bruckmühls gezeigt, zu Fuß oder mit dem Rad. Obwohl ich eine Großstädterin war, gefielen mir der Ort, die ländliche Gegend, die saftig grünen Wiesen und Äcker und die Berge in nicht allzu weiter Ferne.

Am schönsten war es, wenn wir zu zweit am Ufer des Flüsschens Mangfall saßen, das hinter dem Haus idyllisch dahinfloss. Das Glitzern der Sonne auf den Wellen erinnerte mich an die Fjorde meiner Heimat, dann packte mich das Heimweh.

»Vielleicht werden wir nach dem Krieg nach Norwegen ziehen, wenn ihr Deutschen den Krieg gewonnen habt«, sinnierte ich. Max antwortete nicht darauf, und ich schwieg.

Julie, der Hansl, Maxie und ich hatten Max zum Bahnhof gebracht, als er abreiste nach Oslo. Es brach mir fast das Herz, als ich mich von ihm verabschieden musste.

»Vergiss nicht, meine Mutter zu besuchen und ihr zu sagen, dass Maxie und ich gut angekommen sind und dass es uns gut geht!«, wiederholte ich immer wieder.

In den Flitterwochen

»Du kannst dich drauf verlassen, Morild! Sobald wie möglich werde ich sie besuchen!«, versprach er. Der Zug fuhr ein, eine letzte innige Umarmung, ein letzter Kuss, dann war er fort.

Julie legte tröstend den Arm um mich.

»Komm, Morild, gehn wir heim! Wir werden es schon schaffen miteinander, bis der Max wieder da ist. Ewig kann der Krieg ned dauern, und auf Heimaturlaub kommt dein Mann ja auch!«

Die Julie! Wenn ich heute an sie zurückdenke, sie ist schon seit vielen Jahren tot, erfasst mich eine tiefe Dankbarkeit. Wenn ich sie, meine »Hausfrau«, wie man sie nannte, nicht gehabt hätte – ich weiß nicht, wie ich die nächsten schweren Jahre überlebt hätte. Sie war meine große Stütze, mein Schutzengel.

Julie liebte die kleine Maxie über alles, und auch meine Tochter hing mit großer Zuneigung an ihrer »Tante Julie«. Später einmal erzählte Julie mir, dass sie sich immer ein Mädchen gewünscht habe, doch jedes Mal sei es ein Bub gewesen. Nur einmal, vor Hansl, hatte sie ein kleines Mädchen geboren, das aber mit vier Wochen starb. Darüber war sie untröstlich gewesen.

Jetzt hatte sie meine kleine Maxie, ihren Sonnenschein.

Julie war eine überaus tüchtige Frau, ihr Mann Paul war als »Gendarm« in Österreich stationiert.

Nur gelegentlich kam er heim von seiner Dienststelle, offensichtlich gefiel es ihm dort gut. Wenn er kam, herrschte meist eine angespannte Stimmung im Haus. Er mäkelte an allem Möglichen herum, die Julie konnte ihm nichts recht machen. Mir und Maxie gegenüber verhielt er sich immer nett.

Julies Söhne Christian, Paul und Albert hatte man an die Front geschickt. Nur Hansl war ihr noch geblieben, und sie hoffte inständig, dass der Krieg vorbei wäre, bevor er ins wehrfähige Alter käme.

Paul, der mittlere, nach dem Vater benannte Sohn, war überzeugter Nazi. Er gehörte zur SS, der berüchtigten Schutzstaffel Hitlers. Wenn er auf Heimaturlaub war, hörte ich ihn mit seiner Mutter diskutieren, Hitler und den Nationalsozialismus in höchsten Tönen lobend.

Wie Julie zu Hitler und dem Nationalsozialismus stand, weiß ich nicht, wir haben nie darüber gesprochen. Ich glaube, sie war keine Hitleranhängerin, sondern einfach nur eine Mitläuferin wie so viele in dieser Zeit, und musste sich in das Unvermeidliche fügen. Sie wollte nur, dass der unselige Krieg endlich vorbei und ihre Buben wieder zu Hause wären.

Gelegentlich bekam sie Feldpostbriefe, in denen von der Briefkontrolle manchmal Stellen geschwärzt waren. Es durfte nichts verraten werden, vor allem nicht, wo die Soldaten an der Front weilten. Julie zeigte sich über jeden Brief glücklich, so wusste sie zumindest, dass der Sohn noch lebte.

Oft genug sah ich sie angstvoll aus dem Fenster schauen und bemerkte ihre Erleichterung, wenn der Postbote einen Brief ihrer Buben und keine Todesnachricht brachte. Zu viele Familien in Bruckmühl und Umgebung hatten solche Briefe bekommen.

Gelegentlich packte sie Päckchen für ihre Söhne im Feld mit Kuchen, etwas Warmem zum Anziehen und hatte früher auch immer eines für Max gepackt. Jetzt schnürte ich welche für Max, meinen Mann.

Damals konnten Max und ich uns noch Briefe schreiben. Ich wusste, dass er im hohen Norden Norwegens stationiert war, dort, wo die erbitterten Kämpfe mit den Briten und dem norwegischen Widerstand stattfanden. Ich schrieb meine Briefe in einem Durcheinander von Deutsch und Norwegisch und hoffte, Max würde den Inhalt verstehen.

116

Die mehrfachen Beteuerungen »Ich liebe dich! – Jeg elsker deg!« verstand er auf jeden Fall!

Auch zu meiner Familie hatte ich Kontakt, wusste, dass es ihnen so weit gut ging und dass Inger ein Zwillingspärchen bekommen hatte, die sie Hans und Grete nannte.

Wenn ich diese Briefe erhielt, packten mich regelmäßig das Heimweh zu meiner Familie und die Sehnsucht nach Max.

In Bruckmühl war es in Anbetracht des Krieges friedlich, nur einmal wurde der Fliegerhorst im nahegelegenen Aibling von den Amerikanern bombardiert, unser Ort blieb verschont. Wenn nicht nachts immer wieder am Himmel der rot glühende Feuerschein der brennenden Stadt München nach den Fliegerangriffen zu sehen gewesen wäre, hätte man nicht an schwere Kriegshandlungen geglaubt. Dann standen wir beklommen und schaudernd im Garten und sahen in den rot-zuckenden Himmel.

»Mein Gott, wenn man denkt, wie dort alles zerbombt wird, wie viele Leut' jetzt grad ihr Leben lassen müssen!«, schluchzte die Julie. »Da haben es wir auf dem Land gottlob besser! Bruckmühl interessiert keine Bomber!«

»Wollen wir hoffen, dass es so bleibt«, pflichtete ihr die Nachbarin, die Frau Salminger, bei.

Julie kümmerte sich sehr um mich und mein Kind. Egal, wohin sie eingeladen war, sie hatte mich und Maxie stets im Schlepptau dabei, sorgte dafür, dass ich Kontakte und Freundschaften knüpfen konnte, um mich nicht so einsam zu fühlen. Zudem war sie streng und konsequent dabei, mir Deutsch beizubringen. »Ohne reden zu können und zu verstehen, wirst nie heimisch bei uns werden, Morild!«, mahnte sie mich.

So öffnete sie zum Beispiel den Schrank in der Küche, benannte alle Utensilien darin, und ich musste die Worte nachsprechen und am nächsten Tag wiederholen, wie in der Schule. So lernte ich allmählich die deutsche Sprache, wobei ich nicht wusste, dass das, was Julie mich lehrte, bairischer Dialekt war. In Bruckmühl sprachen alle Leute Bairisch und waren katholisch.

Auch Hausarbeit brachte sie mir bei, und wieder wurde mir bewusst, wie unselbstständig ich war. Alles hatte meine Mutter für mich gemacht, ich war ein verwöhntes Mädchen gewesen.

Nun lernte ich gründlich, zu putzen, zu waschen, zu bügeln, arbeitete mit Julie im Garten. Ich bekam sogar ein eigenes Gemüsebeet, das ich selbst bepflanzen durfte. Auch Kochen brachte sie mir bei.

In Deutschland war alles rationiert und nur auf Lebensmittelkarten zu bekommen, das schränkte die Wahl der Gerichte ein, doch Julie erwies sich als sehr erfinderisch. Ich musste mich erst an die bayerische Küche gewöhnen. Fisch, der bei uns in Norwegen alltäglich war, gab es kaum einmal, doch auf jeden Fall am Karfreitag. Dann stank es in ganz Bruckmühl nach Fisch, und der schmeckte nicht so frisch wie in Norwegen.

Hier in Bruckmühl war zu meinem Erstaunen vieles rückständiger als zu Hause in Oslo.

Im Haus gab es keine Zentralheizung, nur in der Küche stand ein Herd zum Heizen und Kochen mit Holz oder Kohle. Im Winter war das restliche Haus eiskalt, vor allem in den oberen Räumen, und wir füllten metallene Wärmflaschen mit heißem Wasser, um wenigstens die Betten etwas anzuwärmen. Heißes Wasser wurde aus dem »Grandel« geschöpft, einem Wasserbehälter, der sich seitlich am Herd befand.

Und erst die Wäsche! In Oslo hatten wir eine Waschküche für alle Parteien des Hauses mit einer Waschmaschine, einer Schleuder und sogar einer Mangel, mit der man die großen Stücke bügeln konnte.

Hier kochte man die Wäsche in der Waschküche in einem großen Kessel, den man mit Holz beheizte, rubbelte die Wäsche auf dem Waschbrett, spülte sie in einem großen Zuber oder im Kanal, der, von der Mangfall abgezweigt, oberhalb der Straße dahinfloss.

Die Nachbarn, die Salmingers, hatten einen Holzsteg in den Kanal gebaut, auf dem man kniend die Wäschestücke im Wasser spülen konnte. Dann wrang man sie mit den Händen aus, bevor man sie zum Trocknen auf die Wiese neben dem Haus legte oder auf die Wäscheleine im Garten hängte. Die Waschtage waren eine elende Plackerei, und dementsprechend geizte man mit frischer Wäsche.

In der Waschküche im Keller badete man auch im Winter. Das Wasser wurde im Waschkessel erwärmt und in eine Zinkwanne gegossen. Man musste sehr sparsam damit umgehen. Allerhöchstens einmal in der Woche gab es ein Bad, und ich badete natürlich mit Maxie zusammen in einer Wanne.

Im Sommer badeten und wuschen wir uns in der Mangfall. Ich hatte in Oslo in letzter Minute meinen schicken hellblauen Badeanzug eingepackt, Julie und die Nachbarin badeten meist erst im Dunkeln in der Mangfall, damit niemand sie sah. Ich konnte mir das Lachen nicht verkneifen, wenn ich sie, versteckt im Gebüsch, warnen sollte, falls jemand des Weges kam, denn sie trugen unförmige, geringelte Badeanzüge, die ihnen bis zu den Knien gingen.

Es musste an allem gespart werden, vor allem am Strom. Einmal hatte ich vergessen, im oberen Flur das Licht auszumachen, das gab Ärger am nächsten Tag!

»Wer hat vergessen, das Licht auszumachen?«, fragte Julie am Morgen drohend, und ich musste kleinlaut zugeben, dass ich es gewesen war.

Julie arbeitete aushilfsweise als Bedienung im Bruckmühler Gasthof, beim »Stranglwirt«. Von dort brachte sie manches Mal Essensreste mit nach Hause, was natürlich verboten war. Man nannte das nicht »Stehlen«, sondern »Organisieren«. Das gab regelmäßig ein kleines Festmahl für uns.

Einmal kam eine junge schwangere Frau zu uns, mit einem kleinen Mädchen an der Hand.

Es war Hedwig, die Frau, mit der Max das Kind hatte. Die kleine Irmgard war ihrem Vater wie aus dem Gesicht geschnitten, da wäre jegliches Leugnen hoffnungslos gewesen.

Ich hörte die Hedwig mit Julie in der Küche diskutieren:

»Ist das die Norwegerin, dem Max seine Frau? So was hätte er in Deutschland auch haben können, da hätte er ned so weit fahren brauchen«, meinte sie abfällig.

»Halt deinen Mund, Hedwig«, herrschte Julie sie an. »Die Morild ist in Ordnung«, verteidigte sie mich. »Und du bist verheiratet, kriegst ein Kind. Da musst dem Max nimmer nachtrauern!«

Die kleine Irmi kam in späteren Jahren oft zu uns, stets mit ihren kleinen Geschwistern im Schlepptau, die sie hüten musste. Sie hatte keine leichte Kindheit bei ihrer Mutter und dem Stiefvater.

Um unser Einkommen aufzubessern, ich bekam einen Teil des Soldes von Max, begann ich zu stricken. Wenn wir keine neue Wolle bekommen konnten, ribbelten die Julie und ich alte, selbst gestrickte Pullover auf, feuchteten die Wolle an und wickelten sie zu Knäueln.

Stricken war meine Leidenschaft. Ich fertigte Pullover, Socken, Schals und Handschuhe mit Norwegermustern. Die waren bald sehr beliebt, und die Julie tauschte sie gegen Lebensmittel ein, denn Geld war wertlos, man konnte sich nichts dafür kaufen.

Nach getaner Arbeit saßen Julie und ich, die kleine Maxie auf dem Schoß, oft in der Abenddämmerung am Ufer der Mangfall und sangen uns

Volkslieder vor, die Julie auf Deutsch und ich auf Norwegisch. Diese Abende sind meine schönste Erinnerung an die gute Julie.

Eine neue Heimat

Ich lebte nun schon ein ganzes Jahr in Deutschland.

Trotz meines Heimwehs und meiner Sehnsucht nach Max fühlte ich mich in Bruckmühl wohl und lernte schnell Deutsch. Das verdankte ich Julie.

Die Leute hier waren fast alle sehr nett zu mir, netter als zuletzt die Menschen in Norwegen, wo jeder Spaziergang ein Spießrutenlaufen gewesen war. Trotzdem blieb ich »die Norwegerin«.

Ich erinnere mich, dass am Tag nach meiner Ankunft der kleine Nachbarsbub mit einer »Bubenschürze« über seiner Hose mit einem Strauß von Gladiolen im Arm zu uns kam: »Die san für des kloane Madl, des gestern kemma is!«, meinte er, legte aufatmend die schweren Blumen auf den Tisch und wartete auf eine kleine Belohnung.

So freundlich wurde ich empfangen.

Einige Wochen nach meiner Ankunft in Bruckmühl waren tatsächlich meine Kisten aus Oslo angekommen. Hansl und ich holten sie mit dem Leiterwagen am Bahnhof ab.

Julie staunte nicht schlecht, als ich sie auspackte. So schöne Kleider hatte sie noch nie gesehen. Und erst die Schuhe, die Hüte und die Taschen!

»Und das willst in Bruckmühl anziehen?«, fragte sie skeptisch.

»Ja, so war ich in Oslo immer angezogen!«

Natürlich erregte ich in Bruckmühl Aufsehen, als ich das erste Mal in einem schönen Kleid, mit Tasche und Hut, durch den Ort ging.

»Des ist die Norwegerin, dem Nirschl-Max seine Frau«, flüsterte man sich zu, wenn man mich so elegant durch den Ort gehen sah. »Schaut mal, wie die angezogen ist, wie eine Städtische!«

Der Julie war es manches Mal etwas peinlich, wenn ich mit hochhackigen Schuhen und Hut und mit einer Handtasche die Schotterstraße des Dorfes entlangtrippelte.

»Des braucht's bei uns ned, Morild, wir sind da ned in der Großstadt, bei uns geht's einfach zu!«, meinte sie, mich korrigieren zu müssen. »Tascherlmadam«, nannte sie mich dann.

Für Bruckmühl muss ich eine Attraktion gewesen sein. Die Elli, die Nichte der Julie, war einmal in mein Zimmer gegangen, hatte alle meine Kleider inspiziert und anprobiert, als ich nicht da war.

Später habe ich mich angepasst; in der Kriegs- und Nachkriegszeit war auf dem Land für solche Extravaganzen weder Zeit noch Anlass.

Am meisten bestaunte Julie meine elektrische Nähmaschine, denn sie hatte nur eine alte Pfaff-Nähmaschine mit Handantrieb, der Hansl dagegen war verrückt nach meinem hochmodischen Fahrrad.

»Und die Skier? Meinst du, dass ihr einmal zum Skifahren geht?«, fragte die Julie zweifelnd, als ich meine und Maxis Skier auspackte.

»Klar, Max hat gesagt, dass wir ganz nah an den Bergen wohnen und er oft Ski gefahren ist«.

Julie sah mich überrascht an. »Soso, hat er das gesagt?«

Langsam lebte ich mich in Bruckmühl ein.

Maxie hatte laufen gelernt und plapperte munter in einem fort. Ich versuchte nicht, ihr Norwegisch beizubringen; denn ich ahnte, dass Max und ich nie in Norwegen leben würden.

Das bisherige Kriegsglück der Deutschen hatte sich gewendet, und als Deutsche, als Feind, nach einer Kapitulation in Norwegen zu leben, war undenkbar. Doch über eine mögliche Kapitulation zu sprechen, konnte harte Maßnahmen nach sich ziehen. Immer noch glaubte man an den »Endsieg«.

Die Propaganda berichtete nur von Erfolgen, niemals von Niederlagen. Zudem war Norwegen kein so wichtiger Kriegsschauplatz wie Russland oder Frankreich, von denen berichtet wurde. So erfuhr ich wenig, was den Krieg in meiner alten Heimat betraf. Auch in den Briefen von Clare oder meiner Mutter stand nichts davon.

Eines Tages erhielt ich eine Nachricht von Clare, die mich sehr betroffen machte. Sie hatte geschrieben, dass meine Mutter mit Inger und deren Zwillingen Hans und Grete nach Schweden geflohen sei. Erst viele Jahre später erfuhr ich die näheren dramatischen Umstände.

Gelegentlich kamen Julies Söhne auf Heimaturlaub. Das war immer ein besonderes Ereignis, und Julie hamsterte vorab Lebensmittel, um ihre »Buben« verwöhnen zu können.

Max kam nie. Er hatte zwar mehrmals einen Heimaturlaub in seinen Briefen angekündigt, doch der wurde immer wieder gestrichen. Erst später erfuhr ich den Grund.

Max war auf einem Schiff Signalgast, das als Werksschiff im Begleittross der *Tirpitz* fuhr.

Die *Tirpitz*, das größte Schlachtschiff, das jemals gebaut wurde, mit Wänden aus härtestem Kruppstahl, war Hitlers ganzer Stolz. Sie lag im Kåfjord im hohen Norden, bereit, die erwartete britische Invasion auf Norwegen zu verhindern.

Churchill, britischer Marineminister, hatte es zur wichtigsten Aufgabe erklärt, die *Tirpitz*, das »Beast«, wie er sie nannte, zu versenken.

Nach mehreren Angriffen gelang es der britischen Navy tatsächlich, das bereits schwer beschädigte Schiff, das sich in die Nähe von Tromsø gerettet hatte, durch Beschuss von zweiunddreißig Lancaster-Bombern zu zerstören.

Die *Tirpitz* konnte nicht sinken, da das Gewässer an der Anlegestelle im Fjord nicht tief genug war, kenterte jedoch, bis die Aufbauten im seichten Wasser auf Grund lagen.

Als Signalgast hatte Max die Katastrophe von seinem Schiff aus mit angesehen und musste bei der Rettung der überlebenden Marinesoldaten helfen, die hilflos, ohne Schwimmwesten, im eiskalten Meer schwammen.

890 Soldaten wurden gerettet, davon 84 mit Schneidbrennern aus dem Rumpf herausgeschnitten. 1.204 Mann der Besatzung kamen ums Leben, viele davon waren im Rumpf eingeschlossen. Tagelang noch

hörte man ihre verzweifelten Klopfzeichen, doch man konnte sie nicht befreien.

Später erklärte die NS-Propaganda diese Unglücklichen pathetisch zu »Helden für Führer und Vaterland, die in ihrem stählernen Sarg bis zuletzt das Deutschlandlied gesungen hatten«.

Die überlebenden Soldaten sowie auch die Helfer bekamen nach dieser Katastrophe viel Alkohol zu trinken, um über die Schrecken und Grauen des Geschehnisses hinwegzukommen. Noch heute kann ich das in Max' altem Soldbuch nachlesen.

Nach dieser schrecklichen Niederlage der Deutschen, dem Verlust ihres größten Schlachtschiffes, bekamen die Soldaten in Norwegen keinen Heimaturlaub mehr, so auch Max.

Das alles erfuhr ich erst nach dem Ende des Krieges. Damals litt ich sehr darunter, dass Max nicht zu mir und unserer kleinen Tochter kommen konnte. Ich hatte ihn mehr als ein Jahr nicht gesehen.

Die Situation im Haus veränderte sich.

Hatten früher Julie, Hansl, Maxie und ich im Haus gewohnt, so mussten wir nun Platz für die vielen Flüchtlinge machen, die ankamen.

Anfangs waren es Frauen und Kinder aus den zerbombten Städten Deutschlands, aus München und anderswo gewesen, dann kamen die Flüchtlinge aus dem Osten, die vor den anrückenden Russen geflohen waren. Sie alle mussten untergebracht werden. Jeder im Ort, der nur etwas Platz erübrigen konnte, musste Flüchtlinge aufnehmen. Die wenigsten dieser armen Menschen hatten etwas aus ihrer Heimat retten können, viele trugen nur noch ihre Kleider am Leib, hatten vielleicht noch einen Rucksack dabei.

Fast alle hatten Schreckliches erlebt auf der Flucht, und nicht immer waren sie willkommen.

Doch es gab auch andere: Eines Tages kam ein Zug in Bruckmühl an, der auf ein Nebengleis geleitet wurde. Darin war, unter anderen Flüchtlingen, eine ungarische Familie, gut gekleidet, die bei uns einquartiert wurde. Es waren sechs Personen: Ein Mann und seine Frau, deren Schwester und alter Vater sowie zwei Kinder. Sie hatten eine Menge an Säcken mit Zucker, Mehl und anderen Lebensmitteln dabei, darunter ein kleines Säckchen mit Mohn. Daran erinnere ich mich so genau, weil ich vorher noch nie Mohn gesehen hatte.

Die sechs wurden oben in der Mansarde untergebracht.

»Des sind b'sondere Leut'«, flüsterte mir die Julie zu.

So schien es auch zu sein. Als sie nach Wochen abgeholt wurden, fand ich unter dem Müll, den sie zurückgelassen hatten, einen Zeitungsausschnitt mit einem Bild des Mannes mit einem besonderen Hut, einem »Doktorhut«, wie mir jemand erklärte.

Einmal kam die Frau in die Küche, in der Julie das Regiment führte: »Machen Sie, bittä sähr, Palatschinken für uns heute Abend.«

Julie sah mich fassungslos an. »Meint die etwa, ich bin ihre Köchin? Jetzt, mitten im Krieg und wo die bei uns einquartiert sind!? Na, die hat Nerven!«

Doch am Abend bekamen wir alle Palatschinken aus den Vorräten der ungarischen Familie.

In den letzten Kriegstagen war das Haus brechend voll, denn jetzt tauchten auch noch deutsche Soldaten auf, die bereits ihre Kompanien verlassen hatten. Es war abzusehen, dass der Krieg verloren war, auch wenn es niemand zugab.

Man teilte sich nicht nur die Zimmer, das einzige Klosett und die Waschküche, zum Schluss lagen die Leute zeitweise mit Decken auf dem Gang und in der Küche. Ein Chaos! Solche Zustände kann man sich heute nicht mehr vorstellen. Doch Julie meinte nur seufzend: »Wer weiß, wie es meinen Buben ergeht. Die sind sicher froh, wenn ihnen jemand zumindest ein Dach über dem Kopf gibt.«

Eines Tages kam auch noch Pauls Frau Marianne mit ihrem kleinen Sohn Wolfgang daher.

Paul hatte seiner Mutter irgendwann geschrieben, dass er geheiratet und einen Sohn bekommen hatte – von einer Frau, die er durch einen Feldpostbrief kannte.

Deutsche Mädchen waren während des Krieges aufgefordert worden, Soldaten eine Freude zu machen und ihnen an die Front zu schreiben. Auch Marianne verfasste einen Brief an einen unbekannten Soldaten. Paul hatte diesen Brief abgefangen und das Mädchen, er war SS-Mann mit Sonderrechten, persönlich kennenlernen und heiraten dürfen. Prompt war sie schwanger geworden. Diese Marianne, sie stammte aus Augsburg, das wie München in

Trümmern lag, war ein schlichtes, elternloses Mädl. Sie kam nun mit ihrem Kind zu uns, und auch für sie wurde Platz gemacht, und Maxie bekam einen kleinen Spielkameraden.

Das Haus platzte aus allen Nähten. Es war ein Kommen und Gehen, und ich frage mich noch heute, wie Julie das alles schaffte.

Auch in meinem Zimmer waren gelegentlich Flüchtlinge, zumindest tageweise, einquartiert. Ich schlief schon längst mit Maxie in einem Bett, das Kinderbettchen wurde anderweitig dringender benötigt.

Mein Trost war, mich abends, erschöpft von der vielen Arbeit des Tages, an den kleinen, warmen Körper meiner Tochter zu schmiegen und an Max zu denken. Wo er wohl war? Sicher würde er nach der bevorstehenden Kapitulation zurückkommen, und mein Warten würde endlich ein Ende haben.

Kriegsende

Das frühere Kriegsglück der deutschen Armee hatte sich längst ins Unglück gewendet. An allen Fronten befand sich die deutsche Wehrmacht auf dem Rückzug.

Was wird in Norwegen passieren?, fragte ich mich, wo immer noch mehr als 300.000 Soldaten stationiert waren, darunter Max.

Am 30. April erreichte die US-Armee München, bald würden die Soldaten auch bei uns sein.

Am selben Tag beging Adolf Hitler in Berlin Selbstmord, und nun kapierte jeder, dass der Krieg vorbei und verloren war.

Trotzdem trieben sich SS-Trupps herum, die noch an den Endsieg glaubten und Terror, Angst und Schrecken verbreiteten, nach geflüchteten Soldaten, »Deserteuren«, suchten.

Wir in Bruckmühl und den anderen Orten ringsum, die bisher von Kriegshandlungen verschont geblieben waren, erlebten jetzt teils dramatische Stunden. Es kam zu spontanen Hinrichtungen, Plünderungen, Häuser wurden in Brand geschossen. Allerletzte verblendete »Widerstandstruppen« versuchten sogar, den Vormarsch der Amerikaner mit Sprengungen von Brücken zu verhindern. So wurde auch die »Reichsautobahnbrücke« über die Mangfall gesprengt.

Doch mit dem Einmarsch der Amerikaner am 5. Mai 1945 war auch dieser Spuk schnell vorbei.

Julie und ich verbrannten eilends im Ofen Hitlers »Mein Kampf«, wollten keinesfalls als Nazis gebrandmarkt sein. Andere wiederum vergruben die Bücher oder verdächtige Requisiten, auch Waffen, im Garten oder, besser noch, irgendwo im Wald.

Man hatte Angst vor dem Einmarsch der Amerikaner, es wurde angeordnet, zum Zeichen der Kapitulation weiße Fahnen zu hissen.

»Die Amis kommen!«, hieß es, und schon dröhnten die Panzer auf der von München kommenden Straße in Richtung Aibling.

Die Mutigeren standen am Straßenrand und gafften oder winkten sogar, Kinder liefen hinter den Panzern her. Damals sah ich zum ersten Mal in meinem Leben einen »Neger«, wie man damals noch sagte.

Julie wartete auf ein Lebenszeichen oder auf die Rückkehr ihrer Söhne, ich auf die Rückkehr von Max.

Julie wusste, dass ihr Sohn Albert in britischer Kriegsgefangenschaft auf Kreta war. Von Paul, dem SS-Mann, wusste man nichts. Er war nun in einer schwierigen Situation. Würde er es wagen, sich zu zeigen, jetzt, wo die SS verfolgt war, manche der SSler sogar ohne viel Federlesens von Amerikanern erschossen worden waren, wie man hörte? Hatte er sich gar einer letzten SS-Widerstandsgruppen angeschlossen?

Wo blieb Max? Ich hatte seit Längerem nichts von ihm gehört. In diesen Wirren bekam man kaum mehr irgendwelche Post. Auch von Clare und meiner norwegischen Familie erfuhr ich nichts mehr.

Diese Ungewissheiten waren schrecklich für mich.

Nun, nach Kriegsende, war es noch schwieriger geworden, an Dinge des täglichen Bedarfs zu kommen, schwieriger als im Krieg. Kaufen konnte man längst nichts mehr, alles lief über Tauschhandel oder »Organisieren«.

Einmal hörten wir, dass in Aibling ein Zug voller Stoffe stehen geblieben war. Vielleicht könnte man da etwas ergattern? Der Hansl und ich fuhren sofort mit den Fahrrädern hin, und wir sahen vor dem Bahnhof eine Unmenge von Leuten stehen.

»Pass du auf die Radl auf, damit sie keiner klaut«, sagte der Hansl und verschwand in der Menge. Die Waggons des Zuges waren aufgerissen worden, und die Leute nahmen mit, was sie tragen konnten.

Ich hielt die beiden Räder fest, als ein deutscher Soldat, ziemlich betrunken, sein Rad an mir vorbeischob, auf dem Gepäckträger Stoffballen. Neidisch sah ich ihn an.

»Magst was?«, fragte er, und ich nickte.

Da kam er näher, tätschelte mir den Po und blies mir seine Alkoholfahne ins Gesicht. So etwas hätte ich mir früher nicht gefallen lassen, aber jetzt hielt ich es für ein Stückerl Stoff aus. Tatsächlich holte er dann sein Taschenmesser heraus, schnitt und riss von den Ballen Stücke ab und gab sie mir. Ich war glücklich.

Endlich kam Hansl, auch er hatte etwas Stoff er-
gattert. Davon nähte ich mir später auf meiner schönen elektrischen Nähmaschine aus Norwegen einen
Rock, für die Maxie ein Mäntelchen und für die Julie eine Bluse.

Auf dem Heimweg mieden wir die Hauptstraße,
fuhren auf Nebenwegen nach Hause. Im Wald sahen wir einen Kastenwagen stehen, daneben zwei
Männer in Soldatenuniform. Wir wollten uns verstecken, doch sie hatten uns bereits entdeckt und
winkten uns zu sich.

Auf dem Wagen waren Säcke mit Zucker und
Mehl und ein riesiger Topf, eine sogenannte »Gu-
laschkanone«. Sie erzählten uns, dass der Wagen
»hin« wäre, und fragten, ob wir jemanden wüssten,
der sie kurzzeitig gegen Lebensmittel aufnehmen
würden.

Wir nickten. »Ja, wir wissen jemanden, aber wir
müssen erst fragen.«

»Aber verratet uns nicht!«, warnten sie uns.

Ich wusste, dass Julie immer bereit war, Menschen in Not aufzunehmen, erst recht, wenn sie Lebensmittel dabeihatten.

Julies Ehemann Paul, der zufällig daheim war,
ging in den Wald und verhandelte mit den Männern.

Die beiden wohnten dann für einige Zeit bei uns.
Sie waren aus Hamburg und wollten zu Fuß nach
Hause, der Kastenwagen war irgendwie abhanden-
gekommen.

Ich hatte eine alte Kinderkarre zum Ziehen, die
bauten sie zu einem stabilen Gefährt um, luden ihre

Tornister und Säcke darauf und machten sich damit auf den Weg nach Hamburg.

Nach langer Zeit bekam Julie von den beiden einen Brief, in dem sie sich bedankten und erzählten, dass sie tatsächlich nach Wochen mit dem Wägelchen in Hamburg angekommen waren.

Ich wartete ungeduldig und sorgenvoll auf Max oder zumindest ein Lebenszeichen von ihm.

Julie munterte mich auf: »Der kommt sicher bald, Morild. Von Norwegen bis hierher ist es ein weiter Weg.«

Wir wussten, dass sich viele Soldaten, sobald ihr Verbund aufgelöst worden war, zu Fuß oder mit Zügen in ihre Heimat aufmachten.

Dann kam der Brief, der alle meine Hoffnungen auf ein baldiges Wiedersehen zunichtemachte.

Jahre des Wartens

»Morild, da ist ein Brief für dich«, rief Julie. Sie hatte den Postboten vor dem Haus abgefangen, in Erwartung eines Briefes von Albert, der immer noch in Kriegsgefangenschaft auf Kreta war.

Ich hatte in den Wirren der ersten Nachkriegszeit die Hoffnung auf Post von Max oder meiner Familie fast aufgegeben. Das dauernde Warten auf ein Lebenszeichen oder auf die Heimkehr von Max zermürbten mich. Umso erstaunter war ich, als mir Julie mit einem Kuvert zuwinkte.

Ich nahm ihr den Brief aus der Hand, einen braunen Umschlag mit einer mir fremden, etwas krakeligen Schrift.

An Frau Morild Nirschl stand darauf, und meine Adresse war angegeben. Ich drehte den Umschlag um und las Namen und Adresse eines mir unbekannten Mannes.

»Wer hat dir denn geschrieben«, fragte Julie, die mein verwundertes Gesicht sah.

»Keine Ahnung, ein fremder Mann!«, gab ich zurück.

Mich beschlich ein ungutes Gefühl. Mit zitternden Händen öffnete ich den Umschlag und zog einen Brief heraus, ein Zettel flog auf den Boden. Julie hob ihn auf und gab ihn mir.

Liebe Frau Nirschl, begann ich, zu lesen. *Ich muss mich entschuldigen, dass ich Ihnen erst jetzt schreiben und Ihnen die Nachricht Ihres Mannes schicken kann. Aber Sie wissen ja, wie die Zeiten sind.*

Also: Ihr Mann Max und ich waren Kameraden droben in Norwegen. Wir haben Schreckliches durchgemacht und gesehen. Dann kam endlich die Kapitulation, die wir schon vorausgesehen hatten. Wir waren froh, denn jetzt musste es ja nach Hause gehen.

Alle deutschen Soldaten wurden in Lagern in Norwegen zusammengetrieben, dann ging es ab nach Deutschland, wo wir im Norden in ein weiteres Lager kamen. Bis dahin war ich mit Max zusammen.

Dann wurde sortiert. Alle noch einigermaßen gesunden jungen Männer wurden von den anderen, den Älteren und Kranken wie mir, getrennt. Man munkelte, dass sie in Kriegsgefangenschaft kommen würden.

Max steckte mir in letzter Minute den beigelegten Zettel zu und bat mich, ihn Ihnen zu schicken. Das ist nun schon vier Wochen her.

Da ich verletzt war, wurde ich erst in ein Lazarett gebracht, dann durfte ich nach Hause. Was für ein Glück!

Was mit Max weiter geschah, weiß ich nicht. Vielleicht ist er ja schon daheim. Wenn nicht, könnte es sein, dass er in Kriegsgefangenschaft ist.

Bitte schreiben Sie mir, wie es geht, ob Max daheim ist. Das würde mich sehr freuen.

*Er ist so ein lieber Mensch und hat mich immer ge-
tröstet und mir Mut gemacht, wenn ich wieder einmal verzweifelt war.*

*Mit ganz lieben Grüßen, unbekannterweise,
Joseph Usemann*

Ich las den Zettel, der offensichtlich aus einem kleinen Kalender herausgerissen worden war. Es war
eine Nachricht von Max:

*Liebe Morild, keine Zeit, gleich geht es los. Es
scheint, wir kommen in Kriegsgefangenschaft. Was
für eine Scheiße! Ich versuche, dir zu schreiben. Ich
liebe Dich, dein Max.*

Der Brief in meiner Hand zitterte, ich fühlte meine Knie weich werden.

»Was ist?«, fragte mich Julie angstvoll.

Ich konnte nichts sagen, schüttelte nur den Kopf.

»Komm, setz dich erst mal her auf die Bank.« Sie
führte mich zur Hausbank, und ich ließ mich da-
rauffallen.

Julie setzte sich neben mich, legte den Arm um
mich. »Sag, was los ist. Ist der Max …«, sie beendete
den Satz nicht.

Ich schüttelte den Kopf, gab ihr den Brief, dann
fing ich zu schluchzen an.

Julie las den Brief, dann meinte sie: »Gottlob
nicht tot, er lebt!« Dann drückte sie mich an sich.
»Der kommt wieder, Morild. Ganz sicher ist er
nicht in russischer Kriegsgefangenschaft, da ist es
am schlimmsten. Vielleicht ist er bei den Engländern oder Franzosen. Schau, der Albert ist auch in

139

Kriegsgefangenschaft. Wir müssen beide warten, bis sie wiederkommen.«

Julies Worte trösteten mich nicht. Ich hatte so gehofft, dass Max heimkäme. Wir hatten uns nun zwei Jahre nicht gesehen, und außer der kurzen Zeit unserer Flitterwochen waren wir noch nie länger beisammen gewesen.

Mein Herz zog sich zusammen, wenn ich an ihn dachte. Wo war er? Wann würde er wiederkommen?

Maxie, die nun schon zweieinhalb Jahre war, ein richtiges kleines Mädchen, kam aus dem Garten herbeigelaufen.

»Mama, weinen?«, fragte sie mit ängstlichem Gesicht.

»Nein, die Mama weint nicht«, schniefte ich und nahm sie auf den Schoß, sie kuschelte sich an mich. Dieses kleine Kind hatte seinen Vater noch nicht einmal richtig kennengelernt und würde ihn vermutlich auch nicht so bald sehen!

Doch noch schlimmer erging es den Kindern, die ihren Vater nie kennenlernen würden, da er im Krieg gefallen war.

Die nächsten Tage und Wochen verbrachte ich wie in Trance. Alle meine Hoffnungen waren verflogen, und zurück blieb die große Ungewissheit.

Wieder einmal war mir die Julie eine große Hilfe und Stütze. In ihrer praktisch veranlagten Art trug sie mir alle möglichen Arbeiten auf, und es gab viel zu tun. Das Haus war immer noch voll mit Flüchtlingen.

»Schau, die haben es noch schwerer als wir. Diese Flüchtlingsfrauen haben alles verloren, haben nicht einmal mehr ein Dach über dem Kopf, und wo ihre Männer sind, wissen sie auch nicht. Dagegen haben wir es doch fast gut!«, versuchte sie, mich aufzumuntern, doch es half nichts.

Ich konnte nur noch an Max denken und litt unter unserer Trennung mehr als im Krieg. Damals hatte ich wenigstens gewusst, wo er war, auch wenn ich oft um ihn gezittert hatte.

Ich wartete auf ein Lebenszeichen von Max.

Albert hatte seiner Mutter schreiben können, dass er auf Kreta gefangen war, und so hoffte ich verzweifelt, auch Max könne mir eine Nachricht zukommen lassen. Doch ich wartete vergebens.

Im nahegelegenen Mietraching bei Aibling war von den Amerikanern auf dem früheren Flugplatzgelände ein Kriegsgefangenenlager für deutsche Soldaten eingerichtet worden. Bis an die 750.000 Männer wurden dort unter grauenvollen Bedingungen gefangen gehalten, bis sie entlassen oder in andere Lager weitertransportiert wurden.

Anfangs erhielten sie nur Wasser und Brot, hausten, auch im Winter, im Freien auf dem Boden, hatten sich Erdlöcher gegraben. Wer Glück hatte, fand eine Plane, mit der er sich wenigstens notdürftig zudecken konnte. Viele starben vor Hunger oder erfroren.

Einmal kam eine Frau vom Roten Kreuz bis nach Bruckmühl, ging mit einem Sack von Haus zu Haus und bettelte um Brot oder anderes Essbares für diese Gefangenen.

Wir hatten kaum etwas zu erübrigen, aber für einen Kanten Brot und etwas Milch reichte es.

»Sie glauben gar nicht, wie dankbar die sind, wenn wir ihnen selbst trockenes, dürres Brot durch den Zaun reichen. Wir kochen auch Tee und bringen ihn hin. Die Männer sind völlig durchgefroren«, berichtete die Frau.

Mich erschütterten die Erzählungen dieser Frau zutiefst, und ich fragte mich voller Sorge und Angst, wie es wohl meinem Max ginge. Ob auch er unter solchen Umständen dahinvegetieren musste, wo auch immer.

Auch Julie wartete auf ihre Söhne.

Von Albert wusste sie, dass er in britische Gefangenschaft geraten war, doch von Christian und Paul wusste sie nichts.

Auch Pauls Frau Marianne wartete mit dem kleinen Wolfgang, der etwas jünger als Maxie war, auf Nachricht von ihrem Mann. Ein Schicksal der Ungewissheit, das viele Frauen in dieser Zeit tragen mussten.

Endlich erhielten sie Nachricht von Paul. Ein Bruder von Julie, der in der Nähe von Rosenheim wohnte, kam und erzählte, dass sich sein Neffe bei ihm gemeldet und ihn gebeten hatte, ihn zu verstecken, da die Amis Jagd auf SS-Männer machten. Er hatte Paul vorerst in einer Hütte in den Bergen untergebracht und würde später versuchen, wenn der ganze »Zirkus« vorbei wäre, ihm irgendwo Arbeit zu verschaffen.

In der Tat suchten Soldaten der amerikanischen Armee nach SS-Angehörigen oder anderen Nazis, und es kam immer wieder zu spontanen, oft unbegründeten Erschießungen. Auch passierte es immer wieder, dass Deutsche frühere Bekannte oder Verwandte denunzierten, um sich einen Vorteil zu verschaffen. Plötzlich waren alle gegen Hitler und den Nationalsozialismus gewesen.

So mochte es gut sein, dass Paul sich erst einmal versteckte. Auch wenn es für Marianne schwer war, wusste sie doch, dass sich ihr Mann in relativer Sicherheit befand.

Nach Wochen kam Christian, Julies Ältester und Max' Freund, nach Hause. Er war, zumindest äußerlich, unversehrt. Über das, was sie an der Front durchgemacht hatten, sprachen jedoch die wenigsten Männer.

Christian begann bald, in der Wolldeckenfabrik in Heufeldmühle zu arbeiten, wo er und Max schon vor dem Krieg tätig waren. Er war ein fleißiger, anständiger Kerl, der uns überall in Haus und Garten half und ebenfalls im Haus wohnte.

Von Max erhielt ich immer noch keine Nachricht.

Doch dann schöpfte ich Hoffnung, als eines Tages ein junger Mann in verschlissener Hose und Hemd ins Haus kam. Julie war mit dem Leiterwagen in den Wald gefahren, um Reisig und kleines Holz zum Heizen zu holen.

»Ist die Julie, meine Mutter, daheim?«, fragte er.

»Die Julie, deine Mutter? Wer bist denn du?«

»Ich bin der Albert! Ich bin aus der englischen Kriegsgefangenschaft entlassen worden und jetzt bin ich zurück.«

»Albert!« rief ich freudig überrascht aus. »Die Julie ist grad weg, aber die kommt bald wieder! Komm rein und setz dich in die Küche.«

Ich stellte ihm Brot und Schweineschmalz hin, und einen Krug mit Milch. Hungrig machte er sich darüber her.

Ich wusste, dass der Albert Julies Lieblingssohn war, wollte sie mit der guten Nachricht überraschen und rannte los in Richtung Wald. Schon von Weitem sah ich die Julie gebeugt daherkommen, den beladenen Leiterwagen hinter sich herziehend. Ich lief ihr entgegen und rief: »Der Albert ist gekommen, der Albert ist da!«

Ich hatte erwartet, dass Julie überglücklich sein würde, doch sie blieb nur für einen Moment stehen, sah mich ungläubig an, dann schüttelte sie den Kopf, packte die Deichsel des Wagens und zog ihn stoisch weiter nach Hause.

Ich war völlig überrascht, aber vielleicht befiel die Julie nur die Sorge, dass wieder ein Esser mehr im Hause war, denn die Zeiten waren hart.

Der Albert erzählte uns dann begeistert von seiner Kriegsgefangenschaft und, welches Glück er gehabt hatte, von der Front weg gewesen zu sein. Er hatte auf Kreta als Koch und Konditor bei einer britischen Offiziersfamilie gewohnt und auch gearbeitet, und es war ihm so gut ergangen, dass er am liebsten geblieben wäre und gar nicht mehr heimgewollt hatte.

Das beruhigte mich wieder etwas, gab mir vage Hoffnung. Solche »Gefangenschaften« gab es also auch. Vielleicht hatte auch Max solches Glück?

Albert suchte sich bald anderweitig Arbeit und zog aus. So blieben nur noch Christian und der junge Hansl bei Julie. Auch Paul, Julies Mann, war aus Österreich endgültig zurückgekehrt und damit die Familie wieder fast komplett. Anfangs war Julie noch froh darüber, hoffte sie doch, dass er ihr eine Menge Arbeit abnehmen würde. Aber es ging nicht lange gut. Es gab viel Streit mit Julie und mit den Söhnen, an denen er immer etwas auszusetzen hatte. Die meiste Zeit verbrachte er beim »Stranglwirt«.

Einmal war er so wütend, dass er der Familie androhte, er würde ihnen den Schädel mit einer Axt spalten.

Als ihn der Hansl einmal aus der Wirtschaft kommen sah, meinte er lakonisch: »Da kommt er wieder, der Schädelspalter!«

Die Nachkriegszeit war hart, härter als die Zeit während des Krieges. Jetzt gab es nichts mehr zu kaufen, gegen Geld ohnehin nicht. Das war wertlos geworden.

Aus der Stadt kamen die »Hamsterer«, wie wir sie nannten. In der Stadt gab es noch weniger zu essen als auf dem Land, wo Bauern wirtschafteten oder man zumindest, so wie wir, einen Garten hatte, in dem man Gemüse und Obst anbaute.

Diese »Hamsterer« versuchten, alles Mögliche gegen Lebensmittel einzutauschen. Da mochte so mancher wertvolle Gegenstand seinen Besitzer gewechselt haben, der vielleicht heute noch auf einem alten verlassenen Speicher zu entdecken wäre.

Immerhin – die Ängste des Krieges waren vorbei, und das Leben begann, sich zu normalisieren.

Beim »Stranglwirt« spielte gelegentlich Musik, und man tanzte auf dem Tanzboden im ersten Stock.

»Geht doch auch einmal hin, ihr seid doch junge Leut'«, ermunterte Julie mich und Christian. Wir gingen hin, selbst wenn es im Ort Gerede gab.

Ich hatte schon bemerkt, dass mich der Christian gerne mochte, und ich konnte ihn auch gut leiden, aber nur freundschaftlich.

Einmal, als wir zusammen mit Maxie am Ufer der Mangfall saßen, fragte er mich: »Wenn jetzt der Max nimmer kommen tät, tätst du dann dableiben bei uns?«

Ich bemerkte, wie verlegen er war, und wollte ihm gleich allen Wind aus den Segeln nehmen, keinerlei Hoffnung machen. »Nein!«, entgegnete ich fest, »wenn der Max nicht mehr käme, würde ich wieder heim nach Norwegen gehen. Aber der Max kommt wieder; daran glaube ich ganz fest!«

Als hätten meine Worte gewirkt, kam in der nächsten Woche, vier Monate nach Kriegsende, die erste Nachricht von Max. Ich war überglücklich.

Es war ein vorgefertigtes Formular, in das die Gefangenen fünfundzwanzig Worte einfügen hatten dürfen, entsprechend notdürftig war die Information:

Bin in Frankreich, arbeite in einem Bergwerk. Es ist sehr schwer. Hoffe, es geht dir und Maxie gut. Bitte schreib mir! Liebe dich! Dein Max

146

Es waren exakt fünfundzwanzig Wörter, doch ich war überglücklich, und alle teilten meine Freude. Nun wusste ich, dass Max lebte, und irgendwann würde die Gefangenschaft vorüber sein.

Sofort setzte ich mich hin und schrieb in meinem holprigen Deutsch eine Nachricht, auch genau fünfundzwanzig Worte. Ich adressierte sie wie vorgegeben nur mit einer Nummer, ich wusste nicht, wo Max sich befand. Außer »France« war keine genaue Adresse angegeben.

»Ich liebe dich« kürzte ich mit »Ild« ab, so konnte ich es dreimal schreiben, und es zählte nicht neun Worte, sondern nur drei!

Aus dem Radio erfuhr ich, dass in Frankreich über eine Million deutsche Kriegsgefangene festgesetzt waren, welche die Franzosen aus britischer oder amerikanischer Gefangenschaft übernommen hatten. Die Franzosen waren der Ansicht, diese Gefangenen müssten mit harter Arbeit wiedergutmachen, was die Deutschen ihrem Vaterland angetan hatten. Max war einer dieser Million.

Es dauerte meist einige Wochen, bis wieder ein Brief von ihm kam, mit spärlicher Nachricht, dann blieben die Briefe plötzlich aus. Ich geriet in Panik! Was war geschehen? Hatte er die schwere Arbeit, über die er geschrieben hatte, nicht überstanden?

Erst Jahre später erfuhr ich den Grund, warum Max nicht geschrieben hatte. Er war in einem Bergwerk in Frankreich, in Mulsanne, eingesetzt gewesen. Die Arbeit im Bergwerk unter Tage war, nach der Minenräumung, die härteste Bestrafung. Die Männer mussten in den Stollen liegend die Kohle abklopfen, die dann mit Loren ins Freie gebracht wurde. Verpflegung und Unterkunft waren sehr schlecht. Viele starben an Erschöpfung und Unterernährung.

Eines Tages beschloss Max, mit einem Kameraden zu fliehen, obwohl beide wussten, wie hart ein Fluchtversuch bestraft wurde. Die Flucht gelang ihnen. Sie versteckten sich tagsüber in Wäldern oder Scheunen und schlugen sich nachts in Richtung Deutschland durch. Sie schafften es tatsächlich bis an den Rhein und sahen bereits am gegenüberliegenden Ufer Deutschland, waren nah am Ziel. Doch wie sollten sie über den großen Fluss kommen?

Da entdeckte sie ein Mann in ihrem Versteck. Er sprach Deutsch, erkannte sie sofort als Flüchtlinge. »Ich werde euch helfen!«, versprach er. »Bleibt hier versteckt, ich komme nachts mit einem Fischer, der bringt euch über den Fluss!«

»Was meinst du? Können wir dem vertrauen?«, fragte Max den Kameraden.

»Ja, er scheint Deutscher zu sein, der hilft uns bestimmt!«

Kurz darauf hörten sie Schritte, Stimmen, und jemand riss die Tür des Verschlages auf, in dem sie sich versteckt hielten. Es war die französische Polizei, der Mann hatte sie verraten.

Als sie abtransportiert wurden, sahen sie ihn in einiger Entfernung stehen, hämisch grinsend.

Natürlich wurden sie sofort getrennt, mein Mann hat den anderen nie wiedergesehen.

Max wurde in ein anderes Lager gebracht, geschlagen, kahl geschoren und in Einzelhaft bei Wasser und Brot gesperrt, doch er hat es überlebt.

In diesem Lager schien es nicht so unmenschlich zu sein wie in dem Bergwerk in Mulsanne, und ich war erlöst aus meiner Angst und Unsicherheit, als ich endlich eine Nachricht von ihm bekam.

Inzwischen hatte ich wieder Kontakt zu meiner Familie in Norwegen, welcher in der Nachkriegszeit völlig abgebrochen war, denn im ersten Jahr nach dem Krieg durfte man keine Briefe ins Ausland schreiben. Später war nur Post in Deutsch oder Englisch erlaubt, doch da ich von beiden Sprachen die eine nur mündlich beherrschte, schrieb ich auf Norwegisch, und die Briefe mussten erst übersetzt werden, das dauerte.

Immerhin wusste ich jetzt, dass es meiner Familie gut ging und alle wieder zusammen in Oslo waren. Mein Vater, meine Mutter, Clare mit Arne und Lasse und Inger mit Hans und Grete. Wie gerne hätte ich sie einmal besucht, wäre bei ihnen gewesen, aber das war unmöglich.

Wieder war ein Jahr ins Land gegangen, man brachte sich mehr schlecht als recht durch.

Einige Monate später tauchte Paul auf. Man sah ihm an, dass er todkrank war, er hatte Fieber und keuchte und hustete schrecklich.

Marianne versuchte, sich um ihn zu kümmern, immerhin war Paul ihr Mann, auch wenn sie sich kaum kannten.

Doch es war schwierig mit Paul, nur die Julie ließ er an sich heran. Auch seinen kleinen Sohn verscheuchte er. Sobald er ihn zu sehen bekam, kommandierte er ihn herum, ließ ihn auf Befehl strammstehen und mit imaginären Waffen auf den bösen Feind schießen.

Bald fürchtete sich der kleine Wolfgang vor seinem Vater. Nur Maxie ließ sich nichts von Paul gefallen, schimpfte mit ihm in ihrer Kindersprache. Das imponierte wiederum ihm, und so verbrachte Maxie viel Zeit bei Marianne, Paul und dem kleinen Wolfgang, was mir nicht sonderlich gefiel.

Pauls Zustand wurde immer schlechter, und man holte den Arzt. Als dieser ihn untersucht hatte, machte er ein bedenkliches Gesicht. »Es scheint, der Paul hat Tuberkulose, das muss ich dem Gesundheitsamt melden!« Dann erteilte er Marianne und Julie noch Maßnahmen zur Hygiene, denn die Krankheit war ansteckend.

Der kleine Wolfgang schlief nun mit Maxie und mir in unserem Zimmer, der kleine Bub war wie erlöst, dass er die Schikanen seines Vaters nicht länger ertragen musste.

Paul hatte, wie sich herausstellte, tatsächlich eine offene Tuberkulose, und das Gesundheitsamt ordnete an, dass sich alle, die mit dem Kranken in näheren Kontakt gekommen waren, einer Lungenkontrolle unterziehen müssten.

»Da nehmen wir die Maxie auch gleich mit, die war oft oben beim kleinen Wolfi«, meinte die Julie.

Zu meinem Entsetzen stellte man bei der Untersuchung fest, dass Maxie einen Schatten auf der Lunge hatte.

»Das Kind muss in ein Kindersanatorium zur Heilung«, meinte der Amtsarzt. »Da gibt es ein gutes Haus in Berchtesgaden«.

Ich war verzweifelt, wollte mich auf keinen Fall von Maxie trennen.

»Das muss sein, Frau Nirschl«, meinte der Arzt streng. »Oder wollen Sie riskieren, dass das Kind stirbt?«

Dieses Risiko konnte ich nicht auf mich nehmen, und so brachten wir, die Julie und ich, die kleine Maxie, sie war gerade vier Jahre alt, nach Berchtesgaden. Es brach mir fast das Herz, mein Kind in dem großen Haus unter lauter fremden Menschen zurückzulassen.

»Sie dürfen das Kind einmal im Monat für eine Stunde besuchen, mehr nicht«, meinte die Stationsärztin streng. »Alles andere wäre für die Kinder zu belastend, sie müssen sich hier eingewöhnen.«

Nach allem, was ich bisher erlebt hatte, alle Sorgen und Ängste waren nichts im Vergleich zur Trennung von meinem Kind. In den ersten Wochen weinte ich mir fast die Augen aus. Jeden Morgen wachte ich mit rot umränderten Augen auf, und die Julie betrachtete mich sorgenvoll.

»Morild, du darfst dir nicht so viele Sorgen machen. Der Maxie geht es gut dort, und sie wird bald wieder gesund heimkommen«, versuchte sie, mich aufzumuntern

Paul blieb im Haus, wurde in ein kleines Zimmer verlegt, und die Julie pflegte ihn.

Dass man einen hochinfektiösen Kranken zu Hause pflegt, ist für die heutige Zeit unverständlich, doch damals war das so. Sein Zustand verschlechterte sich zusehends.

»Es wird nicht mehr lange gehen, Frau Lindner«, meinte eines Tages der Arzt, der Paul behandelte. »Sorgen Sie dafür, dass er die Letzte Ölung bekommt, wenn er das will.«

Das war ein Problem, da Paul aus der Kirche austrat, als er der SS beigetreten war.

Die Nachbarin, die Frau Salminger, die sehr christlich war und jeden Tag in die Kirche ging, überredete den Pfarrer, dem Paul die letzten Sakramente zu spenden, und so konnte der Paul endlich in Ruhe sterben.

Es war für alle eine Erlösung, nur für mich nicht. Mein Kind, das sich bei ihm angesteckt hatte, war immer noch im Erholungsheim.

Nach Berchtesgaden zu kommen, war nicht so einfach. Ich musste von Rosenheim aus mit dem Zug dort hinfahren, dann einen langen, steilen Berg hinauf zum Heim gehen, das außerhalb des Ortes lag.

Da abends kein Zug mehr von Rosenheim nach Aibling und Bruckmühl ging, blieb mir nichts anderes übrig, als die Strecke von Rosenheim nach Bruckmühl, die immerhin an die zwanzig Kilometer betrug, im Dunkeln mit dem Rad zurückzulegen.

Ich hievte das Rad auf dem Hinweg in Bruckmühl in den Zug, stellte es in Rosenheim unter, um es abends wieder abzuholen, und fuhr weiter mit dem Zug nach Berchtesgaden.

Zum Glück ging es Maxie gut, sie sah frisch und munter aus, machte sogar einen vergnügten Eindruck, wenn ich kam.

Auch die Leiterin der Klinik war zufrieden. »Ich denke, sie muss nicht länger als ein halbes Jahr hierbleiben. Wir werden sehen«, meinte sie.

Ich erschrak zutiefst. Ein ganzes halbes Jahr! Das schien mir wie eine Ewigkeit.

Einmal, als ich mit ihr zu der Ärztin ging, hielt Maxie mich an der Tür zurück, nahm meine Hand. »Nicht weinen, Mama!«, mahnte sie mich. Da weinte ich erst recht.

Meist begleitete mich die treue Julie, doch eines Tages hatte sie keine Zeit, und ich fuhr alleine ins Heim. Julie beauftragte Christian, mit dem Rad nach Rosenheim zu fahren, um mich nach meiner Rückkehr von dort am Bahnhof abzuholen und mit mir zusammen nach Bruckmühl zu fahren. Sie wollte nicht, dass ich nachts allein mit dem Rad unterwegs war.

Also machten Christian und ich uns auf den Weg, er fuhr voran, ich hinterher. Irgendwo, kurz vor Bruckmühl, fuhr ich auf ihn auf und geriet mit dem Fuß in die Speichen seines Rades. Ein kapitaler Sturz war die Folge, ich blieb mit einem stark blutenden Bein liegen.

»Kannst noch weiterfahren bis zum Doktor?«, fragte mich Christian.

Ich nickte.

»Komm steig auf«. Christian half mir beim Aufstehen. »Es sind nur ein paar Kilometer, schaffst du das?«

Ich nickte ein zweites Mal, obwohl mir schwummerig war.

Endlich kamen wir, mitten in der Nacht, in der Praxis des Arztes an. Christian läutete.

»Was ist los?«, rief der aus einem Fenster im ersten Stock.

»Ich hab eine Verletzte von einem Radlunfall dabei!«

Im Behandlungszimmer besah sich der Arzt meine Verletzung. »Das schaut bös aus!«, erklärte er. »Das muss genäht werden!«

Er fing an, die tiefe Fleischwunde zu desinfizieren. »Können Sie mir dabei helfen?«, fragte er Christian.

»Klar! Ich war bei den Sanitätern im Krieg, da hab' ich Schlimmeres gesehen als das!«

»Also gut! Halten Sie das Bein fest.« Der Arzt hatte mir eine örtliche Betäubung gegeben und begann, die Wunde zu nähen. Da tat es plötzlich einen Knall, und Christian lag am Boden.

»Das sind mir die richtigen Sanitäter«, der Arzt grinste und verabreichte Christian ein paar Tropfen für den Kreislauf. »Da hol ich doch lieber meine Frau!«

Spät nachts kamen wir endlich in Bruckmühl an, wo uns Julie, die sich große Sorgen gemacht hatte, erleichtert in Empfang nahm.

Von Max bekam ich eine Nachricht aus einem neuen, nun bereits dem dritten Lager. Viele Kriegsgefangene waren schon nach Hause zurückgekehrt, außer diejenigen in russischer Gefangenschaft. Ich hoffte auf Max' Rückkehr.

Dieser Brief stammte aus der französischen Besatzungszone. Das hielt ich für ein gutes Zeichen.

Vier Jahre hatte ich Max nun schon nicht mehr gesehen, und meine Sehnsucht nach ihm war so groß wie zuvor. Ich erfuhr, dass man mit einem Berechtigungsschein in die französische Besatzungszone reisen durfte, und so beschloss ich kurzerhand, Max zu besuchen.

Maxie war noch in Berchtesgaden, so konnte ich gut weg aus Bruckmühl.

»Ein bisserl verrückt bist du schon, Morild!«, schüttelte die Julie den Kopf. »Glaubst du wirklich, die lassen dich zu ihm?«

»Ich hab' solche Sehnsucht nach dem Max, ich will ihn unbedingt sehen! Ich muss es probieren!«, gab ich zurück.

Die Berechtigungsscheine für die französische Zone wurden von der Gemeinde ausgestellt, also fuhr ich nach Aibling zu der zuständigen Behörde.

»Warum wollen Sie in die französische Zone?«, fragte mich die Sachbearbeiterin unfreundlich.

»Ich möchte meinen Mann dort besuchen, er ist in französischer Kriegsgefangenschaft!«

Ob es mein noch mangelndes Deutsch war, das die Frau störte, oder ob sie mich unsympathisch fand, weiß ich nicht. Sie sagte jedenfalls: »Das ist kein Grund für so einen Schein. Den kann ich Ihnen nicht ausstellen!«

Ich war zutiefst enttäuscht. Ich hatte es mir trotz der Schwierigkeiten dieser Reise so schön vorgestellt, Max zu überraschen, obwohl ich nicht einmal wusste, ob ich ihn würde sehen können.

Julie wusste Rat. »Ruf doch den Sepp in Frankfurt an. Vielleicht kann der dir helfen.«

Max' älterer Bruder Sepp, den ich noch aus seiner Bruckmühler Zeit kannte, lebte inzwischen in Frankfurt. Er hatte dort ein Geschäft, in dem er alles verkaufte, was man sich nur vorstellen konnte, vermutlich vieles vom Schwarzmarkt. Der Laden war eine Goldgrube zu der damaligen Zeit. Ich mochte Josef, wie ich ihn nannte, gern. Er war ein attraktiver Mann, wie Max.

»Das kriegen wir irgendwie hin, Morild!«, versprach er mir. »Komm erst mal nach Frankfurt, von da fahren wir in die Zone. Das mit dem Pass und dem Schein, das erledige ich für dich!«

Zusätzlich hatte ich mir noch die Adresse einer jungen Amerikanerin besorgt, die in Frankfurt bei der Army stationiert war. Dieser Kontakt war über meine norwegischen Verwandten zustande gekommen, die vor vielen Jahren nach Amerika ausgewandert waren. Sie hatte ich in der ganz schlechten Nachkriegszeit einmal angeschrieben und um Hilfe gebeten. Ich hatte darauf einen kleinen Geldbetrag bekommen und eben diese Adresse der Tochter von Nachbarn. Sie war schwedischer Abstammung und hieß Solveig Larsson.

Mit diesen Informationen fuhr ich los, fest entschlossen, Max im Lager zu besuchen.

Eine Zugfahrt zu der Zeit durch das immer noch zerstörte Deutschland war keinesfalls so einfach wie heute. Die Züge fuhren unregelmäßig, oft musste man lange in einem zugigen Bahnhof sitzen und warten, bis man endlich einen Anschluss fand. Die Züge waren voll, verdreckt und unbequem.

Endlich kam ich in Frankfurt an, das amerikani-sche Besatzungszone war. Ich meldete mich bei der Information der Amerikaner und fragte nach Solveig Larsson. Der Beamte in Uniform suchte in einer Liste, dann nickte er und führte mich in einen Raum. Dort war es behaglich und warm, und der Mann brachte mir sogar eine Tasse Tee. Was für ein Luxus!

Nach geraumer Zeit kam eine attraktive Frau mit blonden Locken in Dienstkleidung, die von einem Mann in einer imposanten Uniform begleitet wur-de. Sie begrüßten mich herzlich, und ich konnte mich mit ihr in einem Kauderwelsch aus Norwegisch und Schwedisch unterhalten. Ich erzählte ihr von meinem Problem mit dem Berechtigungsschein für die französische Zone, und sie sprach mit dem Mann, der offensichtlich ihr Freund war.

Er ging nach draußen, telefonierte, dann kam er herein und sprach mit Solveig.

»Es tut mir leid, aber wir können dir nicht helfen. Dieser Schein muss von der Heimatgemeinde ausge-stellt werden.«

Sie sah mir meine Enttäuschung an. »Sorry!« Sie zuckte bedauernd mit den Schultern. Dann holte sie aus einem angrenzenden Raum einige Tafeln Scho-kolade und eine ganze Stange Zigaretten, ein Schatz zu der damaligen Zeit.

Als ich meinen kleinen roten Koffer, der auf mei-nen Knien lag, öffnete, kullerte daraus eine Schnaps-flasche auf den Boden, in die ich Kaffee als Reise-proviant gefüllt hatte.

Solveig und der Offizier lachten lauthals, doch mir war es entsetzlich peinlich, da sie wohl dachten, ich hätte eine Flasche Schnaps im Gepäck. Schnell öffnete ich die Flasche und ließ sie an dem kalten Muckefuck riechen.

Sie erkundigten sich, wohin ich in Frankfurt wolle, und als ich ihnen die Adresse sagte, luden sie mich in ein Armeefahrzeug und brachten mich zu Josefs Geschäft. Der wurde blass, als er das amerikanische Fahrzeug vor seinem Laden parken sah, offensichtlich waren seine lukrativen Geschäfte nicht so ganz legal.

Josef gehörte zu den Menschen, die aus jeder Situation etwas machten, und er hatte alle möglichen Kontakte. Er gab mir den Pass einer Freundin und hatte auch das Besuchsticket für die französische Zone besorgt.

»Ich bringe dich mit dem Zug hin, Morild. Musst dir halt ein Kopftuch umbinden, damit niemand den Schwindel bemerkt.«

Ich weiß heute nicht mehr, wie der Ort hieß, zu dem wir am nächsten Tag fuhren, er lag an den Rheinwiesen, wo viele Gefangenenlager errichtet worden waren.

»Am besten ist, wir setzen uns getrennt, damit du weiterfahren kannst, wenn man mich erwischt«, meinte ich zu Josef, als wir in Frankfurt abfuhren, doch er war ganz gelassen.

»Nix da, das wird schon klappen! Jetzt erzählst mir, wie es in Bruckmühl geht, was die Julie und die anderen so treiben.«

So wurde es mit Josef eine ganz unterhaltsame Fahrt, auch die Grenzkontrolle verlief problemlos. Ich hatte mir grundlos Sorgen gemacht.

Am späten Nachmittag kamen wir in der Stadt an, in deren Außenbezirk sich das französische Kriegsgefangenenlager befand.

»Jetzt suchen wir uns eine Übernachtungsmöglichkeit, denn heute wird das nichts mehr mit einem Besuch beim Max«, meinte Josef.

Nach einigem Nachfragen wurden wir zu einem kleinen Haus geleitet. Die Witwe dort vermietete Gästezimmer und hatte zwei Zimmer frei.

Am Abend führte mich Josef zum Essen aus. So etwas hatte ich lange nicht mehr erlebt und genoss es, obwohl ich schrecklich aufgeregt war wegen der Ungewissheit, ob ich meinen Max morgen nach nunmehr fast vier Jahren zum ersten Mal wiedersehen könnte.

Am nächsten Morgen machten wir uns zu Fuß auf zu dem Lager. Schon von Weitem sahen wir die Baracken, von Zäunen und Stacheldraht umgeben. Dieser Anblick erinnerte mich erschreckend an *Grini*, das KZ bei Oslo, in dem meine Mutter dreizehn Monate inhaftiert war und in dem Inger und ich sie einmal besuchen wollten. Wir waren damals wie räudige Hunde weggescheucht worden. Sollte das heute wieder so und meine mühselige Reise umsonst gewesen sein?

Josef machte mir Mut. »Das sind jetzt andere Zeiten, und die Franzosen werden schon nicht so schlimm sein, werden sich hoffentlich an die Genfer Konventionen halten.«

Nach den Genfer Konventionen für Kriegsgefangene hatten diese Anspruch auf Registrierung, gute

Verpflegung sowie Meldung der Gefangennahme an das Rote Kreuz, damit dieses humanitär tätig werden und auch die Anverwandten über den Ort des Lagers, in dem ihr Angehöriger festgehalten wurde, informieren konnte.

Man weiß heute, dass sich kaum ein Land an diese Vorschriften hielt.

Wir näherten uns dem Lager, suchten nach dem Eingang. Ein uniformierter Wachposten stand davor, er sprach Deutsch. Zitternd brachte ich mein Anliegen vor. Er nickte nur und ließ uns eintreten.

Drinnen saßen uniformierte Männer, auch ein paar Frauen saßen an ihren Schreibtischen und musterten mich neugierig.

»Ich bin von weit hergekommen, um meinen Mann zu besuchen«, stieß ich aufgeregt hervor.

Der Mann verstand offensichtlich kein Wort, wandte sich an eine der Sekretärinnen. Die kam herbei, sah mich fast mitleidig an.

»Wie heißt ihr Mann denn?«

»Max Nirschl!«

Josef schaltete sich ein. »Ich habe Frau Nirschl hergebracht, sie ist meine Schwägerin, und Max ist mein Bruder«, erklärte er.

Die Frau nickte, übersetzte es dem Mann auf Französisch. Dann holten sie ellenlange Listen hervor, sahen die Namen durch. Plötzlich tippte die Frau auf einen Namen.

»Ja, Ihr Mann ist hier!« Dann diskutierte sie wieder mit dem Mann. Der schüttelte den Kopf, aber die Frau redete weiter auf ihn ein.

»Bien!«, meinte er endlich genervt, sagte unfreundlich noch etwas zu ihr, was ich nicht verstand, und wandte sich ab.

Sie zog ein Gesicht und zuckte mit den Schultern, offensichtlich unzufrieden mit dem Ergebnis ihrer Unterhaltung, dann wandte sie sich an uns. »Sie können Ihren Mann sehen, ein Adjutant wird Sie zu ihm bringen.

Sie winkte einem jungen Mann, der im Hintergrund wartete, sprach auf Französisch mit ihm.

»Folgen Sie ihm!«

Der Mann führte uns hinaus ins Freie, an einem Stacheldrahtzaun entlang. Mir zitterten die Knie vor Aufregung, ich war fast am Ziel meiner Wünsche. Ich würde Max endlich wiedersehen, ihn vielleicht sogar umarmen und ihm sagen können, wie sehr ich ihn vermisste und liebte.

Der Mann bedeutete uns, am Zaun zu warten. Es dauerte eine gefühlte Ewigkeit, bis wir endlich von Weitem zwei Männer auf uns zukommen sahen, innerhalb des Zaunes, der noch dazu durch einen Graben von uns getrennt war.

Einer war ein Soldat, der andere war Max, wirklich mein Max!

Sie blieben hinter dem Zaun stehen. Das sollte also mein Zusammentreffen mit ihm sein? Ich war zutiefst enttäuscht, aber Max lächelte glücklich und warf mir eine Kusshand zu.

Wir konnten uns nur rufend verständigen, vielleicht zehn Minuten lang. Es war wenig, was wir uns sagen konnten. Dann wurde Max wieder weggeführt.

Ein letztes Mal drehte er sich noch um, winkte mir zu, mir traten die Tränen in die Augen, und ich fing an zu heulen.

Josef nahm mich tröstend in die Arme. »Du weißt wenigstens, dass er lebt«, versuchte er, mich aufzumuntern. »Und ich finde, er sah gut aus!«

»War das alles?«, fragte ich schluchzend. »Und dafür habe ich diese beschwerliche lange Reise gemacht?«

Josef zuckte mit den Schultern, auch er war enttäuscht, bedauerte mich. »Komm, Morild. Wir müssen zurück, der Zug nach Frankfurt geht am frühen Nachmittag.«

Ich blieb stehen wie ein bockiger Esel. »Ich fahre nicht zurück, nicht bevor ich Max habe umarmen können.«

Josef lachte gequält. »Morild, das macht keinen Sinn! Komm mit nach Frankfurt. Immerhin hat er dich gesehen, und er hat sich sehr gefreut, das hat man ihm angesehen.«

Ich schüttelte heftig den Kopf. »Nein! Ich bleibe hier und versuche es noch einmal.«

Josef stieß einen tiefen Seufzer aus. »Gut, aber erst gehen wir zurück zu unserer Pension und fragen, ob du noch eine Nacht bleiben kannst. Ich muss auf jeden Fall zurück in den Laden. Du musst dann allein mit dem Zug zurückfahren, ist dir das klar, Morild?« Er sah mich besorgt an.

»Das schaffe ich!«, gab ich zurück. »Aber ich will es morgen noch mal probieren.«

Als Josef unserer Vermieterin erzählte, wie alles abgelaufen war, nahm sie mich mitleidsvoll in die

Arme. »Natürlich können Sie bei mir bleiben, solange Sie wollen«, versprach sie. »Versuchen Sie es morgen nochmals, reiten Sie auf der Mitleidstour, sagen Sie, Ihr Kind sei krank, oder lügen Sie irgendetwas anderes. Die werden doch kein Herz aus Stein haben, wenn sie sehen, wie hartnäckig Sie sind.«

Ich begleitete Josef zum Zug nach Frankfurt.

Er umarmte mich. »Du bist eine so Tapfere, Morild. Der Max hat ein Riesenglück mit dir! Was du schon alles auf dich genommen hast für ihn.« Er schüttelte ungläubig den Kopf.

»Ich liebe ihn eben so sehr«, brachte ich unter Tränen hervor.

»Ich tät mir auch so eine Frau wie dich wünschen«, seufzte er.

Wir verabschiedeten uns.

»Mach's gut, Morild, und lass dich nicht mit dem falschen Pass erwischen, den braucht meine Bekannte wieder, sonst bekommt sie Schwierigkeiten.« Er drohte mir mit dem Finger, dann stieg er in den Zug.

Abends saß ich in dem kleinen Zimmer der Pension, als die Wirtin an die Tür klopfte. »Kommen Sie doch zu mir hinunter ins Wohnzimmer, Sie sollten jetzt nicht allein sein!«

Sie schenkte zwei Gläser Wein ein, dann erzählte sie mir ihre Lebensgeschichte, eine Geschichte, wie sie sich in dieser Zeit Tausende Male zugetragen hatte.

Ihr Mann und ihre zwei Söhne waren gefallen, sie zeigte mir die Fotos an der Wand. Mittlerweile lebte sie allein.

»Damals dachte ich, es bricht mir das Herz, und ich wollte nicht weiterleben. Aber inzwischen habe ich mich in mein Schicksal gefügt, wie viele andere. Ich will nicht klagen«, schloss sie. »Ich habe immerhin mein Haus behalten können, und ich verdiene mit den Vermietungen etwas dazu. Es geht mir nicht schlecht. Natürlich – wir leben jetzt unter den Franzosen, aber ich hoffe, das wird nicht ewig so sein. Sie sind nicht übel, da geht es denen in der russischen Zone viel schlechter, was man so liest und hört.« Sie zischte böse. »Das hat uns alles dieser Hitler eingebrockt, ich habe den Kerl nie leiden können, aber man durfte nichts sagen!«

Ich nickte, ich glaubte ihr. Sie wirkte nicht so wie viele, die überzeugte Nazis gewesen waren und jetzt plötzlich behaupteten, schon immer gegen das nationalistische Regime gewesen zu sein.

Am nächsten Morgen machte ich mich wieder auf den Weg zum Lager. Heute wusste ich schon, was mich erwartete, und ich war fest entschlossen, mich nicht abwimmeln zu lassen.

Derselbe Soldat stand vor dem Eingang. Er sah mich erstaunt an. »Sie schon wieder? Sie waren doch erst gestern da!«

Ich nickte. »Ja, aber ich habe meinen Mann nur durch einen Zaun über einen Graben hinweg sehen dürfen!«

Er sah mich nachdenklich an. »Ich würde Ihnen ja gerne helfen«, meinte er, »denn das habe ich noch nie erlebt, dass jemand so hartnäckig ist wie Sie. Sie müssen sich eine rührselige Geschichte ausdenken

164

und ...«, er beugte sich zu mir herab und flüsterte, »... noch etwas. Gehen Sie in das Zimmer rechts hinten. Da ist eine Frau, die vielleicht etwas gnädiger ist. Viel Glück!« Er öffnete mir die Tür.

Ich tat, wie er mir geraten hatte.

In diesem Raum waren wenige Personen. Eine ältere Frau stand auf und fragte mich auf Französisch etwas. Ich schüttelte den Kopf. »Ich spreche kein Französisch.«

»Gut, dann eben deutsch!« Sie lächelte mich an, und ich fühlte mich sofort wohler. »Was wollen Sie hier?«

Ich brachte meinen Wunsch vor, erzählte ihr, dass ich Max seit vier Jahren nicht gesehen hätte, versuchte zu erzählen, dass Max' Mutter gestorben sei, da unterbrach sie mich.

»Sie müssen mir keine rührselige Geschichte auftischen. Ich verstehe Sie auch so.«

Sie sah in ihren Listen nach. »Max Nirschl«, sie fuhr mit dem Finger die Namen entlang, dann sah sie überrascht auf. »Aber Sie waren gestern schon hier!«

Ich erzählte ihr von dem unglücklich verlaufenen Treffen, begann zu weinen.

Sie wiegte nachdenklich den Kopf. »Gut, ich schaue, was ich machen kann. Bleiben Sie hier!«

Nach einiger Zeit kam sie mit einem jungen Soldaten herbei, er führte mich in einen Raum, darin standen zwei Tische mit Stühlen. Würde ich hier Max wiedersehen? Ich wagte nicht, es zu hoffen, um nicht enttäuscht zu werden.

Dann öffnete sich die Tür, und Max kam herein.

»Morild«, er stürzte auf mich zu, nahm mich in die Arme, küsste mich so leidenschaftlich wie früher. Ich begann zu weinen.

»Wein doch nicht, Morild.« Aber auch er hatte Tränen in den Augen. Wir setzten uns nebeneinander, hielten uns an den Händen.

»Jetzt erzähl, wie es dir geht«, begann ich.

»Nein, erzähl du, wie es dir geht, der Maxie und der Julie und den anderen!«

Eine halbe Stunde hatten wir Zeit, uns alles zu berichten. Inzwischen kam noch ein älterer Herr dazu, der seinen Sohn besuchte. So wie Max und ich begrüßten sich beide weinend.

»Ich versuche, morgen wiederzukommen«, versprach ich Max beim Abschied, als mich der junge Adjutant wieder hinausführte.

Ich war glücklich, ich hatte es geschafft, Max wiederzusehen, wenn auch nur kurz. In der Pension erzählte ich alles meiner Wirtin, auch sie freute sich mit mir.

»Kann ich noch eine Nacht bleiben? Ich werde morgen nochmals hingehen, um meinen Mann zu sehen!«

Sie lächelte. »Das muss ja eine große Liebe sein, dass Sie das alles auf sich nehmen!«

Ich nickte. »Ja, das ist es, eine ganz große Liebe!«

Am nächsten Tag kreuzte ich wieder frühmorgens am Lager auf. Dieses Mal stand ein anderer Wachsoldat da.

»Sind Sie die Frau, die schon zwei Mal hier war?«, fragte er ungläubig.

»Ja, ich will es noch einmal versuchen!«

Er schaute äußerst skeptisch und schüttelte den Kopf.

Dieses Mal wurde ich schroff abgewiesen, nachdem man die Liste mit dem Vermerk meines wiederholten Vordringens gelesen hatte.

»Wir sind hier kein Hotel, junge Frau«, herrschte mich ein Mann in Zivil an. »Oder wollen Sie hier einziehen? In der Küche hätten wir eine Stelle als Köchin für Sie, wenn Sie Suppe kochen können.«

Die anderen im Raum lachten, und ich stand beschämt da.

»Gehen Sie! Sie haben Ihren Mann gesehen, das reicht!«

»Aber ich …«, wagte ich einzuwenden.

Doch er scheuchte mich mit einer Handbewegung davon. »Allez, allez!«

Enttäuscht zog ich davon. Was hatte ich erwartet? Ich dachte schmerzlich an Max. Ob er wohl auf mich wartete und ebenso enttäuscht sein würde wie ich, wenn er merkte, dass ich es nicht geschafft hatte, zu ihm zu kommen?

Am Nachmittag stieg ich in den Zug nach Frankfurt, setzte mich in die hinterste Ecke, zog mein Kopftuch tief in die Stirn, stellte mich schlafend und hoffte inständig, dass ich nicht streng kontrolliert werden würde.

Tatsächlich ging alles gut, und am Abend war ich wieder bei Josef, konnte ihm den Pass seiner Bekannten zurückgeben.

Als ich am nächsten Morgen im Bahnhof in Frankfurt unter einer Unmenge von Reisenden und Hastenden saß und auf Verbindungen in den Süden wartete, hatte ich viel Zeit zum Nachdenken.

Wie verrückt war meine Welt! Da saß ich hier in einem Bahnhof – irgendwo in Deutschland, mein Mann war in einem Gefangenenlager in der französischen Besatzungszone und mein Kind in einem Heim in Berchtesgaden!

Wann würden wir endlich zusammen sein und ein normales Leben führen können, so, wie wir es uns damals, in Oslo, erträumt hatten?

Am späten Abend, mit dem letzten Zug, kam ich nach einer anstrengenden und beschwerlichen Fahrt in Bruckmühl an.

Alle waren begierig darauf, zu erfahren, wie es mir ergangen war, ob ich Max gesehen hatte, und freuten sich mit mir, als ich ihnen erzählte, dass ich ihn in gutem Zustand angetroffen hatte.

Todmüde lag ich endlich in meinem Zimmer im Bett, allein, ohne Max und Maxie. Ich weinte mich in den Schlaf, hoffte, dass wir bald wieder vereint sein würden.

Einige Wochen später kam endlich die erlösende Nachricht, dass Maxie gesundet sei und nach Hause dürfe.

Ich fuhr mit Julie ein letztes Mal nach Berchtesgaden, um mein kleines Mädchen heimzuholen. Sie hatte sich in dem halben Jahr verändert, schien mir größer und verständiger, irgendwie erwachsener zu sein.

Die behandelnde Ärztin klärte mich darüber auf, dass Kinder, die krank und deshalb von zu Hause weg gewesen waren, oft einen Entwicklungsschub durchmachten.

»Ihre Maxie ist ein ganz besonders liebes Kind, und ich bin sehr froh, dass alles so gut abgelaufen ist«, meinte sie, als sie mir zum Abschied die Hand reichte.

Überglücklich und erleichtert fuhren wir mit Maxie nach Hause.

In den nächsten Tagen wunderten wir uns über so manches. Nicht nur, dass sie Hochdeutsch sprach, auch »Bitte« und »Danke« waren selbstverständlich.

Bei Tisch bat sie um eine Serviette – Julie gab ihr ein großes Herrentaschentuch, das sie sich ordentlich in den Halsausschnitt des Pullis steckte – und legte dann gesittet die linke Hand auf den Tisch neben den Teller. Ihren Brei löffelte sie brav auf und patzte nicht herum, so wie früher. Wir staunten und amüsierten uns ein bisschen. Aber alle diese Neuerungen legten sich im Zuge des Alltags bald wieder.

Jetzt durfte sie auch wieder in den Kindergarten am anderen Ende des Ortes gehen. Ich brachte sie jeden Morgen hin und holte sie mittags ab. Diese gemeinsamen Wege waren etwas Besonderes für uns, endlich waren wir zwei ganz allein, nicht nur nachts, wenn sie in meinem Bett lag und sich an mich kuschelte.

Meine kleine Tochter war meine ganze Freude, mein Trost und mein ganzer Stolz in dieser schwierigen Zeit.

Max kehrt heim!

Der Winter 1947 war hart und kalt, und es war nicht einfach, das Haus einigermaßen warm zu halten, die Wäsche zu waschen und zu trocknen und jetzt, wo nichts im Garten wuchs, die große Familie zu versorgen.

Es gab nichts zu kaufen, selbst bei den Bauern, zu denen man zum Hamstern ging, gab es nicht mehr viel zu holen. Zu viele, auch aus der Stadt, erhofften, etwas Essbares zu bekommen.

Hansl fuhr gelegentlich mit dem Rad nach Mietraching, wo die Amerikaner ihr Camp hatten, und wühlte dort in den Abfalltonnen nach etwas Essbarem und nach Kaffeesatz von echtem Bohnenkaffee. Nochmals aufgebrüht, war der Aufguss zwar dünn, schmeckte aber besser als unser Kaffeeersatz aus Malz, Getreide und Wurzeln. Schmerzlich erinnerte ich mich an den Kaffee in Norwegen, wo immer eine volle Kanne auf dem Herd stand, denn die Norweger lieben Kaffee zu jeder Tages- und Nachtzeit.

Manchmal betrachtete ich meine und Maxies Skier, die im Schuppen lagerten. Welche Illusionen hatte ich gehabt, als ich nach Deutschland reiste! Voller Wehmut dachte ich an meine unbeschwerte Jugendzeit in Norwegen, wo ich mit Åse und den anderen jedes Wochenende beim Skifahren gewesen war.

171

An solche Vergnügungen war nicht zu denken, man hätte mich für verrückt gehalten.

Der Kontakt zu Max war spärlich. Ich schrieb zwar regelmäßig und er vermutlich auch, aber nicht alle Briefe kamen an. Doch ich wusste zumindest, dass er noch in dem Lager war, in dem ich ihn besucht hatte. An eine neuerliche Reise dorthin war nicht zu denken, viel zu beschwerlich wäre sie im Verhältnis zu den paar Minuten gewesen, die man sich, wenn überhaupt, gesehen hätte. Zudem wollte ich Maxie nach ihrem langen Aufenthalt im Genesungsheim nicht in Bruckmühl bei Julie zurücklassen, und sie mitzunehmen, war undenkbar bei den noch miserablen Verhältnissen in Deutschland im Jahr 1947.

Die Umstände im Haus waren nicht einfacher geworden. Es wohnte immer noch eine Flüchtlingsfamilie bei uns; dazu Paul, Julies Mann; ihr Sohn Christian, der in der Wolldeckenfabrik in Heufeldmühle arbeitete; Hansl, der eine Schreinerlehre begonnen hatte; und dazu Marianne mit dem kleinen Wolfgang. Ich hauste mit Maxie in unserem kleinen Zimmer.

Es war eng, und wie immer, wenn zu viele Menschen aufeinanderhocken, gab es oft genug Missstimmung und Unfrieden. Das konnte ich schlecht ertragen, dann verzog ich mich meist mit Maxie ins Zimmer.

Ich sehnte den Sommer herbei, wo man sich draußen aufhalten, an der Mangfall sitzen und baden konnte.

Ich erinnere mich an die Silvesternacht 1947/48. Wir standen draußen vor dem Haus und warteten auf den Mitternachtsglockenschlag, um das neue Jahr zu begrüßen. Es war klirrend kalt und der Himmel sternenklar. In der Entfernung knallten einige Gewehr- oder Pistolenschüsse, und wir wunderten uns, dass jemand noch Waffen besaß, wo man doch alle hatte abliefern müssen.

Ich fror, äußerlich wie innerlich war mir kalt, und ich sah hinauf in den Himmel, sah die Sterne glitzern und fragte mich bang, wie das neue Jahr wohl verlaufen, ob Max endlich nach Hause kommen würde.

Man hatte gehört, dass jetzt, immerhin zweieinhalb Jahre nach Kriegsende, immer mehr Kriegsgefangene entlassen wurden, sowohl aus der amerikanischen wie auch aus der britischen Gefangenschaft.

Vorerst tat sich nichts. Auch in der Nachricht von Max, die ich zum Jahreswechsel bekommen hatte, fand ich keinerlei Andeutungen, auch keine versteckten.

»Der kommt bestimmt heuer«, versicherte mir Julie. »Irgendwann muss endlich mal Schluss sein mit dem ganzen Zeugs!«, schimpfte sie. »Es geht uns schlecht genug, wir haben genug gebüßt für diesen verdammten Krieg«, murrte sie. Dann seufzte sie und schüttelte den Kopf. »Und die vielen Männer, die im Krieg geblieben sind!«

Ich schwieg. Ich verstand ihren Unmut und ihren Ärger, aber ich dachte auch daran, dass diese Katastrophe die Deutschen angezettelt hatten. Nicht nur viele deutsche Männer waren im Krieg gefallen, dieser Krieg hatte an die fünfzig Millionen Tote gefordert, unsäglich vielen Menschen die Heimat geraubt, unermessliches Leid verursacht. Da hatten die Julie und ihre Familie noch Glück gehabt, trotz aller Widrigkeiten dieser Zeit.

Ich dachte zurück an meine glückliche Jugend in Norwegen und wie sich alles nach dem Einmarsch der Deutschen verändert hatte. Wie mein Vater von der Gestapo gesucht und meine Mutter ins KZ gesteckt worden war, sich unser bisher unbeschwertes Leben in einen Albtraum verwandelt hatte. Hätten die Deutschen nicht Norwegen besetzt, wäre ich Max nie begegnet und mein Leben gänzlich anders verlaufen. Vermutlich hätte ich längst einen jungen Norweger geheiratet und mit ihm Kinder bekommen in der Heimat. Doch ich wollte nicht jammern, trotz der Armut und Beschränktheit, in der ich lebte. Ich war in Bruckmühl gut aufgenommen worden, vor allem Julie war mir nach wie vor eine große Stütze, und wenn erst Max, meine große Liebe, wieder bei mir wäre, würde gewiss alles in Ordnung kommen.

Es war der 29. Februar 1948, ein Schaltjahr, daran erinnere ich mich genau. Ich stand mit Julie in der Küche, und wir versuchten, trotz aller Knappheit an Lebensmitteln für die große Familie ein Essen zuzubereiten.

Jetzt im Winter war es besonders schwierig, da wir nicht auf Gemüse aus dem Garten oder auf Früchte, Pilze und Beeren aus dem Wald zurückgreifen konnten. Lediglich Kartoffeln gab es noch.

Da hämmerte es plötzlich an die Tür, und als Julie diese öffnete, rannte die kleine Rosi, das Nachbarskind, herein und schrie lauthals: »Der Herr Nirschl kimmt!« Und als wir sie ungläubig anstarrten, wiederholte sie: »Der Herr Nirschl kimmt!«

Ich war wie vom Donner gerührt. Die Rosi nahm mich bei der Hand. »Kimm, Morild, der Herr Nirschl ist da! Die Mama hat g'sagt, dass der Herr Nirschl da ist!«

Ich ging mit ihr vor die Tür, verschwitzt vom Kochen, mit wirrem Haar, eine Schürze umgebunden, und sah Max am Zaun des Nachbarhauses mit der Nachbarin stehen.

»Max!«, schrie ich aus mir heraus. Max sah zu mir, rannte auf mich zu, und wir fielen uns in die Arme. »Max«, stammelte ich unter seinen Küssen, »wo kommst du denn her?«

Er lachte unter Tränen: »Stell dir vor, direkt aus der Gefangenschaft!«

Inzwischen waren auch Julie und Maxie aus dem Haus gekommen.

»Ja, Max, dass'd nur endlich da bist«, begrüßte ihn Julie, und ich nahm die kleine Maxie auf den Arm.

»Schau, Max, das ist die Maxie!«

»Mein Gott, ist die groß geworden«, staunte Max, er hatte sein Kind zum letzten Mal gesehen, als es neun Monate alt gewesen war. Er wollte Maxie auf den Arm nehmen, aber die wandte sich ab und umklammerte meinen Hals. Die Situation und der fremde Mann, der die Mama umarmte und küsste, ängstigten sie.

Die Freude im Haus, ja im ganzen Ort, war groß. Wie ein Lauffeuer verbreitete sich die Nachricht, dass der Nirschl-Max endlich, als einer der Letzten, aus der Gefangenschaft heimgekommen war.

Ich war überglücklich, dass Max wieder bei mir war, doch die ganz große Freude währte nicht allzu lange. Ich bemerkte bald, dass Max sich verändert hatte. Er war nicht mehr der liebenswürdige, fröhliche und unbeschwerte Max, den ich in Oslo und während unserer kurzen Flitterwochenzeit erlebt hatte. Die Jahre im Krieg und erst recht während der harten Zeit der Gefangenschaft hatten ihre Spuren hinterlassen.

Das erging nicht nur Max so, auch andere Männer, die aus dem Krieg gekommen waren, hatten neben manchen körperlichen Gebrechen einen seelischen Knacks erlitten, auch wenn keiner öffentlich darüber sprach. Sie mussten sich sogleich wieder in den häuslichen Alltag und in das Berufsleben einfinden, sofern sie denn eine Arbeit fanden.

Zudem hatten sich auch die Frauen verändert. Sie mussten während der langen und entbehrungsreichen Jahre des Krieges und vor allem der Nachkriegszeit ihren »Mann« stehen, und diese neu gewonnene Selbstsicherheit zu akzeptieren, fiel vielen Männern, die früher das Sagen gehabt hatten, schwer.

So erging es auch mir mit Max. Er wollte der »Herr im Haus« sein, auch wenn dieses »Haus« nur aus einem Zimmer im Haus von Julie bestand. Er war sehr dominant, wir sollten nach seiner Pfeife tanzen, das gab viele Probleme und Unstimmigkeiten.

Es fing bereits damit an, dass Maxie nicht mehr wie bisher bei mir im Bett schlafen durfte, was ich ja noch verstand. Ich versuchte, Maxie klarzumachen, dass das kleine Bett, das im Zimmer aufgestellt worden war, jetzt ihr Bettchen war, und der Papa jetzt bei der Mama im Bett schlief. Das war für das kleine Mädchen schwer zu verstehen.

Unter dem Motto »Kinder müssen erzogen werden« nahm er auch Maxies Erziehung in die Hand. Als Erstes bestimmte er, dass Maxie allein in den Kindergarten gehen sollte. Noch heute tut es mir weh, wenn ich daran denke, wie sie, ihr Kindergartentäschchen umgehängt, ohne meine Begleitung die Kanalstraße hinunterging und sich traurig nach mir umblickte. Es ärgert mich heute noch, dass ich mich damals nicht mehr durchgesetzt habe, in vielem Max gehorchte, um des lieben Friedens willen.

So ging es mit vielen Dingen. Max wusste alles besser, kritisierte an allem herum, nur gelegentlich entdeckte ich wieder meinen »alten« liebevollen Max in ihm. Doch ich hoffte, es würde sich zum Besseren wenden, wenn er sich erholte und seine schrecklichen Erinnerungen verblassen würden. Meine Liebe und mein Verständnis sollten ihm dabei helfen.

Gelegentlich erzählte er von seinen Kriegserlebnissen – von der Kaperung der *Altmark,* vom Beschuss der *Tirpitz,* bei dem er von seinem Werksschiff aus beobachtete, wie viele Soldaten, auch sein Freund Fritz, dabei umkamen, und wie er sich selbst gerade noch retten konnte. Und dann von der bitteren Enttäuschung, nach der Kapitulation nicht nach Hause zurückkehren zu können, als die Engländer ihn und viele seiner Kameraden an die Franzosen in die Gefangenschaft auslieferten.

»Die Arbeit im Bergwerk war brutal«, sagte er. »Wir bekamen kaum etwas zu essen und waren erbärmlich in Notunterkünften untergebracht. Viele von uns starben vor Erschöpfung und Unterernährung. Da entschloss ich mich mit Ernst, einem Kameraden, zur Flucht. Die ist uns geglückt, aber dann hat uns, das deutsche Ufer schon vor Augen, einer verpfiffen.« Er ballte die Fäuste vor Wut. »Trotzdem hat die Flucht geholfen, denn die nächsten zwei Lager waren nicht ganz so brutal wie das in Mulsanne.«

»Das ist alles vorbei, Max«, versuchte ich, ihn zu beruhigen. »Irgendwann wird alles besser, du wirst es sehen!«

»Fragt sich nur wann. Ihr hier habt es ja gut gehabt, euch hat es an nichts gefehlt hier auf dem Land«, meinte er abschätzig.

Ich schwieg. Ich wollte ihn nicht belasten mit Erzählungen über die schweren Zeiten im Krieg und in der Nachkriegszeit, über die Sorgen um Maxie und vor allem über die stete Angst, ihn nie mehr wiederzusehen und womöglich allein im fremden Land bleiben zu müssen.

Nach kurzer Zeit bemerkte ich, dass ich wieder schwanger war. Obwohl ich mich darüber freute, machte ich mir Sorgen. Wie sollte das gehen, mit

178

zwei kleinen Kindern, noch dazu mit einem Baby, in einem Zimmer zu hausen? Schon jetzt, zu dritt, war es schwierig, denn Maxie durfte sich nicht »mucksen«, wenn der Vater mit im Zimmer war. Das Verhältnis zwischen ihm und ihr war schwierig und würde es für immer bleiben.

Ich sah vorerst keine Chance, unserer unerquicklichen Situation zu entkommen, denn Max weigerte sich, eine Arbeitsstelle anzunehmen.

»Ich hab in der Gefangenschaft genug geschuftet«, war sein Argument. Ich wagte nicht, dagegen anzugehen, verzieh vieles im Hinblick auf seine schwere Kindheit und die Jahre im Krieg und in der Gefangenschaft.

Julie, bei der er meist in der Küche saß, wenn er nicht oben im Zimmer schlief, sah das alles mit Unbehagen. »Morild, wie soll das gehen, wenn ihr bald zu viert seid?«, fragte sie mich. »Und außerdem, ... ihr müsst doch von etwas leben!«

Ich seufzte, ich wusste es ja selbst, aber wenn ich Max darauf ansprach, reagierte er unwirsch.

Natürlich machte Max' Arbeitslosigkeit die Runde in Bruckmühl, und eines Tages tauchte seine Stiefmutter auf, die seinen Vater geheiratet und mit ihm eine Tochter, Regina, bekommen hatte.

Die resolute Frau nahm sich Max zur Brust. »Max, ich habe mit dem Herrn Ruf von der Wolldeckenfabrik geredet, ob du nicht wieder bei ihm arbeiten kannst. Er hat gesagt, dass alle, die vor dem Krieg bei ihm beschäftigt gewesen waren, wieder eingestellt werden. Da gehst morgen hin und redest mit ihm. So kann das nicht weitergehen! Wie stellst du dir das vor? Du hast eine Familie, und um die musst dich kümmern!«

Tatsächlich fuhr Max am nächsten Tag nach Heufeldmühle und bekam eine Stelle.

Die Wolldeckenfabrik in Heufeldmühle, die »Bayrische Wolldeckenfabrik Bruckmühl«, war sowohl vor als auch nach dem Krieg einer der wichtigsten und größten Arbeitgeber in der Gegend.

Was war ich froh, als Max täglich morgens mit dem Radl zur Arbeit nach Heufeldmühle fuhr und somit die Spannungen zumindest tagsüber etwas nachließen!

Dennoch gestaltete sich unser weiteres Zusammenleben schwierig, und ich hoffte, dass Max, nachdem er nun unseren Lebensunterhalt, wenn auch nur mäßigen, verdiente, eine Wohnung für uns finden würde.

Die wirtschaftliche Situation veränderte sich, als am 21. Juni 1948 die Währungsreform kam. Die bisherige Reichsmark war wertlos geworden, man konnte ohnehin nichts kaufen, denn die Läden und Geschäfte waren leer.

Der Vorbote war der 19. Juni 1948, als alle Läden geschlossen waren und Schilder mit Aufschriften wie »Umbau«, »Erkrankung« oder »Ausverkauft« in den Fenstern hingen.

Wir staunten nicht schlecht, als am 20. Juni die Geschäfte wiedereröffnet wurden und es auf einmal alles gab.

Die Läden waren voll mit Waren, und am 21. Juni erhielt jeder Bürger 40 Deutsche Mark in die Hand, das Startkapitel für das spätere Wirtschaftswunder, von dem wir jedoch noch nichts ahnten. Doch von da an ging es langsam aufwärts. Die große Not der Nachkriegszeit hatte ein Ende.

Heidi, »das Kind der Wiedersehensfreude«

Die Geburt unseres zweiten Kindes war für gegen Ende Dezember errechnet.

»Es wird doch nicht etwa ein Christkindl werden«, meinte die Julie und machte dabei ein bedenkliches Gesicht, denn wir hatten uns für eine Hausgeburt entschieden, und zu Weihnachten waren für die große Familie Vorbereitungen zu treffen. Auch wenn man nicht viel hatte, ein schönes Fest wollte die Julie schon ausrichten.

Hausgeburten waren damals üblich, außerdem hatten wir kein Geld für eine Krankenhausgeburt.

»Die Frau Kalteis, die Hebamme, hat schon vielen Bruckmühler Kindern auf die Welt geholfen, und ich hab meine Kinder alle daheim gekriegt«, versuchte Julie, mir Mut zu machen. »So eine Geburt ist das Natürlichste der Welt!«

Weihnachten verlief ruhig, doch am 27. Dezember, abends, begannen die Wehen. Einige Erfahrung hatte ich schon durch Maxies Geburt. Doch was für ein Unterschied zur jetzigen Situation! Damals, in dem Lebensbornheim bei Oslo, lag ich in einem Kreißsaal, umringt von Schwestern, einer Hebamme und einem Arzt. Jetzt lag ich in unserem beengten Zimmer im Bett.

Max war mit dem Rad zur Hebamme gefahren, um sie zu benachrichtigen, und einige Stunden später kam sie, ebenfalls auf dem Fahrrad, mitten im eiskalten Winter!

Julie hatte Max und Maxie in ihr Schlafzimmer einquartiert, Männer konnte man bei einer Entbindung nicht gebrauchen, das war Frauensache.

Die Julie rannte hin und her, schleppte Eimer mit heißem Wasser und saubere Tücher herbei und ging der Hebamme umsichtig zur Hand, unterstütze mich, wenn eine neue Wehe kam. Alle im Haus wussten, dass die Geburt begonnen hatte, und wachten, nur Max und Maxie schliefen.

Endlich, am frühen Morgen, war das Kind da!

»Was ist es denn, Julie?«, fragte ich besorgt.

»A Dirndl ist's«, gab die Julie zurück und legte mir das kleine Bündel in den Arm.

Ich legte mich erschöpft zurück. Ein Mädchen! Dabei hatte ich mir so sehr einen Sohn für Max gewünscht.

»G'sund ist es, das ist die Hauptsache«, meinte die Hebamme resolut, die wusste, dass Männer sich meist einen »Stammhalter« wünschten.

Julie ging hinüber in ihr Schlafzimmer, und weckte Max.

»A Dirndl habt ihr, ein gesundes«, sagte sie zu ihm. »Alles ist gut gegangen!«

Er seufzte, stand auf und kam zu mir ins Zimmer.

»Macht nix, Morild«, versuchte er, mich zu trösten. »Die Nächsten werden Buben!«

Die Julie schaute ihn genervt an. »Der Herrgott hat zwar g'sagt: ›Seid fruchtbar und mehret euch‹, aber er hat ned g'meint, dass du des allein machen sollst, Max! Und jetzt braucht die Morild ihre Ruh!«, meinte sie resolut und schob ihn aus dem Zimmer.

Ab jetzt hausten wir zu viert in dem kleinen Zimmer, gut, dass Max untertags in der Arbeit war.

Ich hoffte so sehr, dass wir eine Wohnung bekämen, aber jetzt, erst drei Jahre nach dem Krieg, sah es schlecht damit aus, wo so viele Flüchtlinge untergebracht werden mussten.

Die kleine Heidi, so nannte ich sie, war ein braves Kind, und ich konnte stillen, sodass wir für das Kind nicht extra Milch brauchten. Ein Freund schweißte mir aus alten Flugzeugteilen, die er auf dem Flugplatz in Bad Aibling gefunden hatte, einen großen Bottich. Darin kochte ich auf dem Herd bei Julie die Stoffwindeln aus, die ich im Kanal spülte, sommers wie winters.

Das Wasser im Kanal floss oft ganz farbig daher, rot, blau, grün, gelb. Es kam von der nahen Papierfabrik, die ihre Abwässer in den Kanal leitete, aber darum hat sich damals niemand gekümmert.

Regina, Max' Halbschwester, wollte unbedingt die Taufpatin der kleinen Heidi werden. Doch Regina war katholisch, und ich hatte mit der katholischen Kirche nicht viel am Hut, deren Rituale waren mir irgendwie suspekt. Ich selbst war protestantisch, in Norwegen ist der Protestantismus Staatsreligion. Doch Regina ließ nicht locker, und so stimmte ich endlich zu.

Ich hatte die kleine Heidi auf den Namen Heidemarie im Standesamt eintragen lassen. Als Kind hatte ich die Geschichte von »Heidi«, dem kleinen Schweizer Mädchen, das mit dem Alm-Öhi auf der Alp wohnte, und von deren Freund, dem Geißenpeter, gelesen und mir schon damals ein kleines Mädchen mit Namen Heidi gewünscht. Doch als wir dann beim Pfarrer die Taufe anmeldeten, bestand der darauf, das Kind müsse »Adelheid« heißen, Heidemarie sei kein christlicher Name, meinte er entrüstet. Dazu schrieb er noch »Maria« und »Regina«, nach der Taufpatin, ins Taufregister.

So kam es, dass Heidi heute zwei unterschiedliche Namen in ihren Geburts- und Taufdokumenten stehen hat und katholisch ist.

Nach zwei Jahren wurde ich wieder schwanger, doch nun wusste ich, dass wir bald aus Julies Haus aus- und in eine eigene Wohnung einziehen würden. Die Wolldeckenfabrik hatte in der Nähe des Betriebsgeländes die ersten Wohnungen für ihre Arbeiter gebaut, und wir sollten eine davon bekommen!

Ich war überglücklich, doch mein Glück bald getrübt, denn in der Mitte der Schwangerschaft bemerkte ich, dass sich das Kind nicht mehr bewegte. Mein Bruckmühler Frauenarzt hörte keine Herztöne mehr und leitete die Geburt ein. Das Kind war bereits tot – höchste Zeit, dass es geboren und somit aus meinem Bauch entfernt wurde.

Es wäre der ersehnte Sohn gewesen, und Max und ich waren untröstlich.

Endlich ein eigenes Heim

1950 konnten wir endlich nach Heufeldmühle umziehen. Nun würden wir in unserer eigenen Wohnung als Familie leben, und nicht mehr zusammengepfercht in einem Raum in Julies Haus zur Untermiete. Sieben Jahre hatte ich dort zugebracht.

Auch Julie freute sich für mich, und auch darüber, dass endlich ein Raum frei wurde für ihre Familie. Als ich mich von ihr verabschiedete, hatten wir beide Tränen in den Augen.

Aber Julie war nicht für Sentimentalitäten. Sie gab mir die Hand und meinte schlicht: »Kimmst halt wieder mal vorbei auf einen Ratsch, Morild!«

Mein ganzes Leben, bis zu ihrem Tod, blieben wir uns treu. Ich weiß nicht, wie ich die ersten Jahre in Bruckmühl ohne die Hilfe und die Tatkraft dieser Frau überstanden hätte.

Die Wohnungen, welche die Wolldeckenfabrik gebaut hatte, waren für heutige Verhältnisse einfach, doch die Ansprüche zu der Zeit nicht groß, man freute sich einfach nur, ein sicheres Dach über dem Kopf zu haben.

Es herrschte allgemein Wohnungsnot, denn die ausgebombten Städte waren noch nicht wiederaufgebaut, und die vielen Flüchtlinge, die während des Krieges und danach ins Land strömten, mussten untergebracht werden. Das war eine große Herausforderung für die Städte und Gemeinden.

Unsere Wohnung lag im Hochparterre des Mietshauses, bestand aus Wohnküche, Wohnzimmer, Schlafzimmer, Bad und einer kleinen Kammer, dazu gehörte ein Gartenanteil. Dort legte ich Gemüsebeete an, das hatte ich bei Julie gelernt.

In der Küche stand ein Kohleherd, mit dem man die Wohnung heizte und worauf man kochte. Holz und Kohle lagerte man im Keller und holte sie eimerweise in die Wohnung. Das Ofenrohr musste gelegentlich entrußt werden. Dazu musste ich es abbauen, zerlegen, in den Garten tragen, draußen mit einer Bürste entrußen und wieder einbauen. Da habe ich schon manchmal mit den Zähnen geknirscht und an unsere komfortable Wohnung in Oslo gedacht, mit Zentralheizung, elektrischer Waschmaschine und allem Komfort. Warum auch hatte ich unbedingt nach Deutschland gehen müssen!?

Die Wohnung war leer, wir hatten keine Möbel und kein Geld. So nahmen wir einen Kredit auf, um wenigstens für die Küche einen Tisch und Stühle kaufen zu können. Die Julie organisierte einen Küchenkasten, im Wohnzimmer legten wir Matratzen für die Kinder aus, und mein Schwiegervater versprach uns Schlafzimmermöbel. »Das ist mein Geschenk an euch, das zahle ich ab!«

Ich konnte es nicht fassen, und es bewahrheitete sich auch nicht. Die erste Rate von fünf Mark bezahlte er, danach kam er jeden Freitag, wenn Max seine Lohntüte bekommen hatte, um sich die nächste Rate von fünf Mark abzuholen.

Ich versuchte, die Wohnung mit den wenigen Mitteln, die mir zur Verfügung standen, so wohnlich wie möglich einzurichten. Und wenn ich durch die Zimmer ging, war ich glücklich, fühlte mich wie eine Königin in ihrem Palast.

»So ohne Radio ist es schon fad«, meinte Max eines Tages. »Meinst, wir können noch einen weiteren Kredit aufnehmen, um uns einen Radioapparat zu kaufen?«

Ich war unsicher, wir mussten an allen Ecken und Enden sparen, um über die Runden zu kommen. Die Küchentür musste selbst im Winter immer geschlossen bleiben, damit wir nicht zu viel Kohlen und Holz zum Heizen der gesamten Wohnung verbrauchten.

Doch eines Tages brachte Max ein Radiogerät nach Hause. Was für ein unglaublicher Luxus!

Mit meiner Familie in Oslo hielt ich brieflich Kontakt, das war nun, Jahre nach dem Krieg, wieder möglich. Auch Reisen war wieder erlaubt, doch eine Reise nach Norwegen, die ich mir so sehr gewünscht hätte, wäre finanziell unerschwinglich gewesen.

Da meldete sich meine Mutter zu Besuch an. Ich hatte sie mehr als zehn Jahre nicht gesehen. Sie machte die lange Reise mit dem Zug in Begleitung von Arne, dem Mann meiner Schwester Clare, da sie sich nicht zutraute, die Fahrt allein anzutreten.

Ich weiß nicht, was sie dachte, als sie unsere einfachen Wohnverhältnisse sah. Doch ich war erleichtert und froh, dass sie nicht mitbekam, wie erbärmlich ich in all den Jahren während des Krieges und der ersten Nachkriegszeit gelebt hatte. Ihre Prophezeiung bei meiner Abreise aus Norwegen: »Das wird ein Leben in Armut« hatte sich bewahrheitet.

Nun konnten wir uns endlich ausführlich erzählen, wie es nach meiner Abreise aus Oslo weitergegangen war.

»Weißt du, Morild, die Deutschen wüteten in Norwegen immer schlimmer. Ganze Landstriche im Norden, die gesamte Finnmark, evakuierten sie, trieben die Menschen und das Vieh aus ihren Häusern und Ställen und machten alles dem Erdboden gleich.

Deinen Vater suchten sie noch immer, und er beschwor mich, nach Schweden zu flüchten. Das war nicht leicht, doch er organisierte einen Fluchthelfer, der mich nach Schweden bringen sollte. Dein Vater hatte große Angst, die Deutschen würden uns alle ins KZ stecken. Inger hatte sich von Erling getrennt und wollte mich mit den Zwillingen, die noch Babys waren, begleiten.

Die Flucht war schwierig, alles musste geheim geschehen, denn die Deutschen bewachten die Grenze nach Schweden.

Dein Vater hatte die Flucht aus dem Widerstand organisiert, sie kannten Fluchtwege über die grüne Grenze. Wir wurden zusammen mit einigen anderen Flüchtlingen auf einem Lastwagen, unter einer Plane versteckt, an die Küste gebracht. Einmal fing der kleine Hans an zu schreien, da wurden die Leute wütend: ›Halten Sie dem Kind den Mund zu, der verrät uns alle!‹ Inger hielt ihm ihren Schal vor, und ich hatte Angst, sie würde das Kind ersticken!«

190

Mutter war jetzt noch, als sie es mir erzählte, voller Angst.

»Dann«, so fuhr sie fort, »wurden wir in der Nacht heimlich auf einen Fischkutter verladen, um nach Schweden gebracht zu werden. Es war hoher Seegang, und Inger ging es so schlecht, sie erbrach sich die ganze Zeit, und ich hatte alle Mühe beim Versorgen der Kinder. Der Schiffer war wütend, herrschte Inger an, sie solle sich zusammenreißen, aber die Arme konnte ja nichts dafür.

Endlich kamen wir in Schweden an und wurden in ein Flüchtlingslager gebracht.

In dem Lager hatten wir anfangs Schwierigkeiten, denn ein Mann aus Oslo behauptete, die Kinder Hans und Grete wären von einem Deutschen! Er hatte gehört, dass eines von den Ertresvag-Mädchen ein Verhältnis mit einem Deutschen gehabt hatte. Er hatte dich mit Inger verwechselt. Gottlob klärte sich alles auf. Der Hass der Norweger auf die »Tyskertos« ist immer noch sehr groß.

Das Lager wurde von einem norwegischen Ehepaar geleitet, das ich flüchtig aus Oslo kannte. Das war unser Glück. Sie besorgten uns eine Unterkunft bei einer schwedischen Dame, die in den Schären vor Stockholm ein Haus hatte und Flüchtlinge aufnahm. Es gibt in der Not auch immer wieder gute Menschen.

Bei ihr wohnten wir über zwei Jahre lang, bis der Krieg vorbei war. Wir waren Ende 1945 die letzten norwegischen Flüchtlinge, die Schweden verließen. Viele von uns verließen Schweden gleich nach dem Krieg, wollten wieder nach Haus, da ließen wir uns etwas Zeit. Wir hatten es ja gut bei Frau Lundgren und wollten uns nicht den Strapazen eines großen Trecks aussetzen.

Dein Vater war schon in die Grønlandsgeret, in unsere Wohnung zurückgekehrt, als wir dort ankamen. Endlich waren wir wieder alle vereint, nur du, Morild, hast uns gefehlt.«

Ich dachte fast schuldbewusst daran, wie relativ angenehm ich damals von Norwegen nach Schweden gereist war, in einem Komfortzug der Wehrmacht!

Mutter nahm meine Hand und sah mich eindringlich an. »So schmerzlich es für mich war, es war gut, dass du aus Norwegen weggegangen bist. Du wirst nicht glauben, was die norwegischen Frauen, die sich mit Deutschen eingelassen haben, seit Kriegsende erdulden müssen. Sie sind geächtet in Norwegen, und ebenso ihre unschuldigen Kinder. Viele der Frauen wurden als Landesverräterinnen ins Gefängnis gesteckt, die Kinder in Kinderheimen untergebracht. In den ersten Nachkriegstagen war es besonders schlimm. Da wurden diese Frauen kahl geschoren durch die Straßen gejagt, mit Steinen beworfen, angespuckt und verhöhnt. Was war ich froh, dass du und Maxie nicht mehr in Oslo wart!

Einmal ging ich zum Kai am Hafen hinunter, und da sah ich, wie Kinder aus den Lebensborn- und Kinderheimen brutal von ihren weinenden Müttern getrennt und auf Schiffe verladen wurden. Man wollte in Norwegen diese ›Deutschenbälger‹ schnell loswerden, man sagte, diese Kinder wären ›minderwertiger Qualität!‹.

Andere Frauen sah ich, die unter dem Hohn der Leute auf einem Schiff nach Hovedøya gebracht wurden. Du erinnerst dich noch an die Insel im Fjord?«

Ich nickte. Ich erinnerte mich genau, dass wir gelegentlich mit einem Boot hinübersetzten, um dort einen schönen Ferientag zu verbringen, die wildromantischen Ruinen des uralten Klosters zu erkunden.

»Dorthin hat man die Frauen gebracht, es war auf der Insel ein Gefängnis für Landesverräter gebaut worden.«

Mich schauderte. »Hätte das auch mir und Maxie passieren können, wenn wir in Norwegen geblieben wären?«, fragte ich bang.

Meine Mutter drückte meine Hand. »Nein, Morild! Die Frauen und Kindern, die im Schutz ihrer Familie lebten, wurden selten verhaftet. Und wir, dein Vater und ich, hätten um dich und Maxie gekämpft, mit allen Mitteln, die uns zur Verfügung standen. Wir hätten dich nie im Stich gelassen!«

Ich senkte den Kopf, dachte bedrückt an all die Sorgen und Probleme, die ich meinen Eltern gemacht hatte. Erst jetzt, da ich selbst Kinder hatte, konnte ich ermessen, wie schlimm das damals für sie gewesen war.

»Und wie ist es jetzt, Jahre nach dem Krieg?«, fragte ich.

»Nicht viel besser! Die öffentlichen Demütigungen mögen aufgehört haben, doch diese Frauen bekommen keine Arbeit, kein norwegischer Mann würde eine solche ›Tyskertøs‹ heiraten. Sie, und mehr noch ihre Kinder, tragen ein schlimmes Los.

Und das alles nur, weil sie geliebt hatten und ihrem Herzen gefolgt sind!«

Einmal, wir saßen in der Küche, sah sie aus dem Fenster und Max im Garten arbeiten.

Als junges Mädchen hatte ich oft gesagt, ich würde einmal einen Gärtner heiraten, und sie fragte mich: »Jetzt hast du deinen Gärtner! Bist du glücklich geworden, Morild? Ist er gut zu dir? Hat sich gelohnt, was du für ihn auf dich genommen, dass du deine Heimat verlassen hast?«

Ich schwieg, wusste darauf keine Antwort zu geben. Doch eines wusste ich und sagte es ihr: »Ich liebe die Kinder und Max über alles!«

Die Familie ist komplett:
Ich, die kleine Morild, Maxie, Max und Heidi
(von links nach rechts)

Die Reise nach Norwegen

In Deutschland begann das Wirtschaftswunder. Auch wir errangen bescheidenen Wohlstand.

Ich hatte in der Wolldeckenfabrik einen Job angenommen und leitete den Werksverkauf für die Waren zweiter Wahl oder den Ausverkauf. Das machte mir viel Spaß, brachte es mich doch mit anderen Leuten zusammen, und etwas Geld verdiente ich auch. So musste ich nicht bei Max um jeden Pfennig betteln, konnte mir und meinen Mädchen gelegentlich eine Kleinigkeit gönnen.

Max hatte sich in der Fabrik hochgearbeitet. Er war politisch in der SPD tätig, ebenso in der Gewerkschaft und im Betriebsrat der Firma, sogar zum Schöffen bei Gericht hatte man ihn ernannt.

Er war viel unterwegs durch all seine Aktivitäten und mit seinen Freunden beisammen, während ich meist zu Hause bei den Kindern blieb, beschäftigt mit Nähen und Stricken. Stricken war meine Leidenschaft, und meine schönen Norwegerhandarbeiten waren gefragt.

Unser Leben erinnerte mich an mein Elternhaus. Auch mein Vater war politisch und in der Gewerkschaft aktiv gewesen, hatte Zeit mit seinen Freunden und diversen Aktivitäten verbracht, während meine Mutter den Haushalt führte, für ihre drei Töchter sorgte, strickte und nähte.

Auch wir sollten 1954 noch eine dritte Tochter bekommen. Sie war nicht geplant und doch geliebt. Ich nannte sie nach mir, zur Erinnerung an meine norwegische Herkunft. Doch als ich »Morild« auf dem Standesamt anmeldete, gab es Schwierigkeiten.

»Morild? Soll das ein Name sein?« Der Beamte blätterte in einem Namensbuch. »So einen Namen hab ich noch nie g'hört!«, mokierte er sich.

»Das ist ein Name, ich heiße auch so! Das ist ein norwegischer Name und bedeutet ›Meeresleuchten!‹, beharrte ich.

»Meeresleuchten!« Er schüttelte den Kopf und spöttelte: »Meeresleuchten in Bayern! Das gibt's doch ned!« Doch dann trug er den Namen ins Register ein.

Max zuckte nur mit den Schultern, für die Namen der Mädchen war ich zuständig, er wartete auf einen Sohn.

Doch dieser Traum blieb unerfüllt, die kleine Morild sollte, nach zwei Fehlgeburten, unser letztes Kind bleiben.

Dieses Mal wählte ich Julie als Taufpatin für meine kleine Tochter, und ich weiß, sie war erfreut über diese Ehre.

Nicht nur meine Mutter, auch meine Schwester Clare mit Arne und ihren Kindern Lasse und Hilde kam uns besuchen. Sie nächtigten in der Zeit in einem Zelt im Garten, denn die Wohnung war viel zu klein für uns alle.

Diese norwegischen Besuche waren eine große Freude für mich nach der langen Zeit, seit ich

Die stolze Taufpatin Julie mit der kleinen Morild

Norwegen verlassen hatte. Jetzt erst merkte ich, wie sehr ich meine Familie vermisst hatte, vorher hätte ich es mir nicht eingestanden. Was hätte es auch genutzt?

Maxie war inzwischen zu einem sehr braven, hübschen Mädchen herangewachsen, eifersüchtig und streng bewacht von Max.

Clare bemerkte das mit Missfallen und meinte eines Tages zu mir: »Morild, Maxie braucht Luft zum Atmen! Lass sie doch, sobald sie sechzehn Jahre alt

197

ist, zu uns nach Norwegen kommen. Es würde ihr guttun und sie selbstständiger und freier machen, und unsere Sprache lernt sie auch gleich mit.«

Ich war unsicher, doch als Maxie nickte und einverstanden war, stimmte ich zu.

Nach ihrem sechzehnten Geburtstag war es so weit: Sie sollte allein nach Norwegen reisen! Wir brachten sie zum Zug nach München, mit vielen Ermahnungen und Ratschlägen. Ich hatte tausend Bedenken und Befürchtungen, Maxie war noch nie aus Bruckmühl weg gewesen, und jetzt gleich so eine weite Fahrt!

Sie ging als Erstes meiner Kinder aus dem Haus, das war schwer zu verkraften. Doch es sollte nur für ein Jahr sein, so tröstete ich mich.

Es war geplant, im nächsten Jahr mit der ganzen Familie nach Norwegen zu reisen und Maxie wieder mit nach Hause zu nehmen.

Wir sparten für die große Reise. Max machte den Führerschein und kaufte ein Auto, einen uralten Ford. Was waren wir stolz!

Er hatte seinen Führerschein erst zwei Wochen, als wir uns auf den Weg machten. Hinten saßen Heidi, die fast elf Jahre alt war, und die fünfjährige Morild, unser Nesthäkchen.

Damals, in den späten Fünfzigerjahren, ging es steil bergauf mit Deutschland, das Wirtschaftswunder war in vollem Gange. Straßen wurden gebaut, aber Reisen mit dem Pkw war bei Weitem noch nicht so komfortabel wie heute auf den großen Autobahnen. Wir mussten zweimal in Privatunterkünften übernachten, bis wir endlich an die Nordsee, ans große Meer kamen. Hier ging es auf die Autofähre von Puttgarden nach Rödby in Dänemark und nach der Fahrt durch Dänemark auf die Fähre nach Norwegen.

Für Max als Fahranfänger war das eine große Herausforderung, aber er hatte natürlich vorher mit Freunden »schwarz« das Fahren geübt, um möglichst wenige Fahrstunden bezahlen zu müssen. Das machten damals alle so!

Mein Herz klopfte zum Zerspringen, als wir nach Oslo kamen und in die Grønlandsgeret einbogen. Ich war nach siebzehn harten Jahren wieder in Norwegen!

In Norwegen und vor allem in Oslo hatte sich in all den Jahren manches verändert, viele Gebäude waren neu errichtet worden, auch wenn die Stadt während des Krieges nicht zerbombt oder beschädigt worden war. Nur in der Grønlandsgeret, wo meine Eltern immer noch wohnten, schien alles beim Alten geblieben zu sein.

Die Freude meiner Eltern war groß, als wir ankamen. Meinen Vater hatte ich seit meinem Weggang aus Norwegen nicht mehr gesehen, denn er weigerte sich vehement, jemals einen Fuß in das Land zu setzen, das so viel Unheil über Norwegen und über die ganze Welt gebracht hatte.

Mein Herz klopfte bang, als ich ihm zum ersten Mal nach vielen Jahren gegenübertrat. Ich wusste, wie tief ich ihn mit meiner Liebe zu einem Deutschen und meinem Wegzug aus Norwegen getroffen hatte. Er kam mir mit offenen Armen entgegen, und als er mich an sich drückte, weinten wir beide. Alles war gut!

Es wurden schöne Wochen in Norwegen. Die ersten Tage blieben wir in Oslo bei den Eltern, dann fuhren wir nach Malm am Trondheimsfjord, wo Inger mit ihrem zweiten Mann Aksel, den Zwillingen Hans und Grete und den beiden Kindern aus ihrer zweiten Ehe lebte.

Auch Clare mit ihrer Familie und Maxie kamen dorthin.

Nun sah ich auch meine Maxie nach über einem Jahr wieder, was für eine Freude! Sie hatte sich verändert, war viel selbstbewusster und offener geworden, immer noch so hübsch wie früher.

Die meiste Zeit verbrachten wir mit der Großfamilie auf der Hütte meines Vaters am Holdensee, mitten in der unverbrauchten Natur. Am Ufer des Sees standen noch einige andere Hütten, doch zu unserer konnte man nur mit einem Boot gelangen.

Das Leben dort war einfach, und wir waren viele Personen auf engstem Raum. Fast erinnerte die Enge mich an die Zeit bei Julie, nur dass es hier friedlich und schön war.

Die Kinder kletterten abends auf einer Leiter ins Dachgeschoss, schliefen dort auf ausgelegten Matratzen. Heidi und Morild lernten schnell erste Sätze auf Norwegisch.

Die Männer waren meist im Wald und in den Bergen unterwegs, oder sie fischten im See.

Einmal, so erinnere ich mich, hatte Inger sage und schreibe sechsunddreißig Forellen draußen auf dem Grill gebraten. Das war ein Fest! Es wurde gegessen, getrunken, gesungen und getanzt, das alles erinnerte mich an meine unbeschwerte Kindheit in Trondheim und an die Zeit vor dem Krieg, bevor ich Max kennen und lieben gelernt hatte.

Nach Ålesund, zu Vaters Verwandtschaft, fuhren wir nicht. Clare hatte uns abgeraten. »Die sind so voller Hass auf die Deutschen, die wollen euch nicht sehen!«

Ich verstand es, denn mehrere Verwandte meines Vaters, Männer und auch Frauen, hatten im Widerstand gekämpft und unter den Deutschen im Konzentrationslager gelitten.

Als wir uns nach drei Wochen Urlaub in Malm verabschiedeten, um nach Oslo zurückzufahren, erklärte uns Maxie mit Bestimmtheit, dass sie nicht mehr mit uns nach Deutschland zurückkehren würde. Sie hatte sich in Jan verliebt, einen jungen Norweger, und sie wollten heiraten, sobald Maxie achtzehn Jahre alt wäre.

Es schmerzte mich, sie in Norwegen zurückzulassen, doch dann erinnerte ich mich an meine Liebe zu Max. Obwohl die Umstände damals dramatisch waren, hatte es kein Mensch geschafft, mich von ihm zu trennen.

So musste ich Maxies Entscheidung, der Stimme ihres Herzens zu folgen, akzeptieren. So, wie ich es damals tat.

Der Termin unserer Abreise und der Abschied von Maxie rückten näher.

Noch einmal wanderten Max und ich am Hochufer des Oslofjords entlang, fanden die Stelle, an der wir uns zum ersten Mal gesehen hatten, suchten den Felsen, hinter dem wir uns bei unserem ersten Rendezvous versteckt hatten.

Wie damals war schönes Wetter, der Himmel blau, die Wellen des Fjords kräuselten sich im Wind, glitzerten silbern in der Sonne, während die Möwen über unseren Köpfen kreischten.

»Schau, Max! Dort unten lag dein Schiff, und dort hinten war die Seemannschule!«

»Ja, genau! Dort oben auf der Aussichtsplattform habe ich dich und die Ingeborg zum ersten Mal gesehen, wie ihr in der Sonne gelegen seid, und ich habe euch durch mein Fernglas beobachtet, zusammen mit Fritz«, schmunzelte Max. »Der gute Fritz! Er ist längst tot, damals beim Untergang der *Tirpitz* ertrunken«, seufzte er. »Wie so viele!«

Wir schwiegen lange, sahen hinaus aufs Meer.

Endlich legte Max den Arm um mich, zog mich an sich, so wie damals, küsste mich auf mein inzwischen leicht ergrautes Haar.

»So vieles ist geschehen seither, nicht wahr?«

Ich nickte stumm.

»Damals haben wir uns unser zukünftiges Leben anders vorgestellt, haben nicht gewusst, dass der Krieg für die Deutschen verloren geht, dass ich in Kriegsgefangenschaft gehen und dich so lange allein lassen muss. Auch nicht, dass wir so lange ärmlich leben würden.«

Ich nickte wieder, hing meinen Gedanken nach.

»An was denkst du, Morild?«, fragte mich Max leise.

»Ich denke darüber nach, ob ich wieder in Norwegen leben möchte«, gab ich leise zurück.

Er sah mich erschrocken an. »Möchtest du das?«

Ich schwieg, dann lächelte ich. »Nein, ich glaube nicht! Man kann die Vergangenheit nicht zurückholen. Außerdem weiß ich, dass du es auf keinen Fall willst.«

Ich spürte, wie Max erleichtert aufatmete und mich wieder an sich drückte.

»Du wirst sehen, mit der Zeit wird alles besser werden, und wir können uns immer wieder einmal Urlaub in Norwegen leisten, bei deinen Leuten, wenn du es willst.«

»Ja, das wäre schön«, stimmte ich zu, »Ferien in Norwegen.« Und ich dachte: *Ferien ja, doch Deutschland ist meine Heimat geworden, trotz all der Schwierigkeiten, die ich dort meistern musste. Vielleicht gerade deshalb!*

Am nächsten Tag wollten wir abreisen. Der Abschied fiel mir schwer, von der Mutter, vom Vater, den Geschwistern, und am meisten von Maxie.

Als wir jedoch unser Auto beluden, sahen wir, dass jemand in den Staub des Deckels unseres Kofferraumes geschmiert hatte: *Was wollt ihr hier? Verschwindet!*

Das machte mich betroffen und erleichterte mir etwas den Abschied von Norwegen.

Dass ich meine Mutter nie mehr wiedersehen sollte, ahnte ich nicht. Sie starb im darauffolgenden Jahr, kurz nachdem sie mir ein Foto geschickt hatte, auf dem sie mit meinem Vater auf dem Balkon der Wohnung abgebildet war. Sie hatte darunter geschrieben: *Papa und mir geht es soo gut jetzt!*

Es hatte mich glücklich gemacht, dass beide nach allem, was sie in der Zeit der Besetzung Norwegens und durch den Kummer, den ich ihnen mit meiner Liebe zu einem deutschen Besatzungssoldaten zugefügt hatte, im Alter glücklich waren.

So machten wir uns wieder auf den langen Weg nach Hause, nach Bruckmühl, mit Heidi und Morild auf dem Rücksitz, ohne Maxie.

Der alte Ford brachte uns gerade noch bis zur Haustür, dann gab er seinen Geist auf. Immerhin hatte er es geschafft, mich bis in die Heimat meiner Jugend zu bringen.

Abschiede

Wenn man ein so hohes, fast biblisches Alter wie ich erreicht hat, bleibt es nicht aus, dass man von vielen Menschen, die man kannte und liebte, Abschied nehmen muss.

Die meisten derer, über die ich geschrieben habe, leben heute nicht mehr:

Die treue Julie, ihr Mann Paul und ihre Söhne sind längst tot, auch der Jüngste, der Hansl, ist heuer gestorben.

Meine Eltern, mein Vater wurde über neunzig Jahre alt, meine Schwestern Clare und Inger mit ihren Ehemännern Arne und Aksel sind nicht mehr.

Auch Max hat mich verlassen.

In den Jahren danach fehlten mir alle Freude und aller Lebensmut, und es dauerte lange, bis ich wieder Gefallen am Leben fand.

Das von mir geliebte Haus, das wir in späteren Jahren in Heufeldmühle gebaut hatten, wurde verkauft, und ich zog in eine Wohnung nach Bruckmühl.

Fast jedes Jahr flog ich nach Norwegen, besuchte die Verwandten. Ich spielte sogar mit dem Gedanken, nach Norwegen, in die Heimat meiner Väter, zurückzukehren, jetzt, wo Max nicht mehr bei mir und die Kinder aus dem Haus und verheiratet waren.

Vaters Hütte gab es nicht mehr, und so kaufte ich mir eine Hütte in der Nähe von Oslo, mitten im Wald – eine kleine, weiß gestrichene Holzhütte mit einer blauen Haustür, blauen Fensterrahmen und Spitzengardinen hinter den Fensterscheiben. Es war eine der für das Land typischen, einfachen Behausungen, so, wie sie dort überall in der Natur verstreut zu finden sind: mein kleines Stück Norwegen.

Oft saß ich dort, allein, blickte über die Waldlichtung und ließ meine Gedanken schweifen, erinnerte mich an die verschiedenen Stationen meines Lebens:

An meine glückliche, unbeschwerte Kindheit und Jugend mit meiner Familie, die gegen Ende zwar durch die Besetzung Norwegens und die Verfolgung meiner Eltern überschattet wurde, mich aber auch die große Liebe zu einem Deutschen finden ließ.

Ich dachte an meine Reise mit Maxie nach Deutschland durch das zerbombte Land und die ersten Jahre in der Fremde in Bruckmühl, ... an Julie, meinen Schutzengel, ... an die langen Jahre der Trennung von Max, ... an die Geburt unserer Kinder, ... an die Jahre des wachsenden Wohlstandes.

Nun war ich alleinstehend. Sollte ich für den Rest meines Lebens in Norwegen bleiben, dort, wo alles begann?

Schließlich gab ich den Gedanken auf. Zu vieles hatte sich in Norwegen verändert: Meine engsten Verwandten lebten nicht mehr, und für die jüngere Generation wäre ich, auch wenn sie immer nett bei meinen Besuchen waren, nur ein Anhängsel, die »Tante aus Deutschland«.